Estudios de la OCDE sobre Gobernanza Pública

Innovar en el sector público

DESARROLLANDO CAPACIDADES EN CHILE

El presente trabajo se publica bajo la responsabilidad del Secretario General de la OCDE. Las opiniones expresadas y los argumentos utilizados en el mismo no reflejan necesariamente el punto de vista oficial de los países miembros de la OCDE.

Tanto este documento como cualquier mapa que se incluya en él no conllevan perjuicio alguno respecto al estatus o la soberanía de cualquier territorio, a la delimitación de fronteras y límites internacionales, ni al nombre de cualquier territorio, ciudad o área.

Por favor, cite esta publicación de la siguiente manera:
OCDE (2017), *Innovar en el sector público: Desarrollando capacidades en Chile*, Estudios de la OCDE sobre Gobernanza Pública, Éditions OCDE, Paris.
http://dx.doi.org/10.1787/9789264275089-es

ISBN 978-92-64-27507-2 (impresa)
ISBN 978-92-64-27508-9 (PDF)

Serie: Estudios de la OCDE sobre Gobernanza Pública
ISSN 2414-3308 (impresa)
ISSN 2414-3316 (en línea)

Los datos estadísticos para Israel son suministrados por y bajo la responsabilidad de las autoridades israelíes competentes. El uso de estos datos por la OCDE es sin perjuicio del estatuto de los Altos del Golán, Jerusalén Este y los asentamientos israelíes en Cisjordania bajo los términos del derecho internacional.

Fotografías: Cover Ministerio Secretaria General de Gobierno. Licenced under a Creative Commons Attribution-ShareAlike (CC BY 2.0).

Las erratas de las publicaciones de la OCDE se encuentran en línea en: *www.oecd.org/about/publishing/corrigenda.htm.*

© OCDE 2017

La OCDE no garantiza la exacta precisión de esta traducción y no se hace de ninguna manera responsable de cualquier consecuencia por su uso o interpretación.

Usted puede copiar, descargar o imprimir los contenidos de la OCDE para su propio uso y puede incluir extractos de publicaciones, bases de datos y productos de multimedia en sus propios documentos, presentaciones, blogs, sitios web y materiales docentes, siempre y cuando se dé el adecuado reconocimiento a la fuente y al propietario del copyright. Toda solicitud para uso público o comercial y derechos de traducción deberá dirigirse a *rights@oecd.org*. Las solicitudes de permisos para fotocopiar partes de este material con fines comerciales o de uso público deben dirigirse al Copyright Clearance Center (CCC) en *info@copyright.com* o al Centre français d'exploitation du droit de copie (CFC) en *contact@cfcopies.com*.

Prefacio

El Gobierno de Chile ha establecido una visión para desarrollar una sociedad más inclusiva y ve la innovación del sector público como un medio para lograrlo. Los esfuerzos de Chile para cambiar y mejorar el sector público no son nuevos, sino que son parte de una larga tradición de reforma y modernización que comenzó en los años noventa. Para ello, Chile ha creado el Laboratorio de Gobierno, una institución gubernamental multidisciplinaria que desarrolla, facilita y promueve procesos de innovación dentro de las instituciones del sector público.

El gobierno chileno pidió a la OCDE que estudiara las habilidades y capacidades relacionadas con innovación del servicio público chileno e identificara formas de apoyarlas y mejorarlas. Este es el primer estudio de este tipo que se lleva a cabo en un país de la OCDE. Se guía por un marco teórico desarrollado con servidores públicos chilenos que analiza las capacidades, motivaciones y oportunidades del servicio público para contribuir a la innovación.

El estudio muestra que la mejora de la capacidad de innovación del Estado chileno requerirá un enfoque sistémico y un esfuerzo coordinado en múltiples instituciones. El éxito también dependerá en gran medida del liderazgo efectivo en toda organización pública. Consolidar una fuerza de trabajo calificada mediante un mejor reclutamiento y desarrollo es un comienzo, pero también existe la necesidad de tener herramientas para motivar la innovación, así como liderazgo que entienda cómo proporcionar oportunidades para poner estas habilidades y motivaciones a trabajar.

Este informe ofrece recomendaciones sobre cómo desarrollar una visión y comprensión común de la innovación pública y cómo alinear esta visión con las actividades de las instituciones responsables de su implementación. Las recomendaciones se centran principalmente en el Laboratorio de Gobierno, cuya misión principal es integrar la innovación en el sector público chileno y en la Dirección Nacional del Servicio Civil, que brinda orientación central y supervisión de los temas de gestión de recursos humanos en el sector público y administra el Sistema de Alta Dirección Pública. El papel del Laboratorio cambiará en los próximos años, a medida que asuma diferentes funciones, y su estructura y gobernabilidad tal vez necesitará adaptarse a estos cambios. La Dirección Nacional del Servicio Civil también deberá utilizar su influencia para promover la innovación en las instituciones, en particular a través de su gestión de recursos humanos y el desarrollo de sus funcionarios.

El estudio se basa en trabajos anteriores realizados por el Observatorio de la Innovación del Sector Público (OPSI; por sus siglas en inglés) de la OCDE y el Grupo de Trabajo sobre Empleo y Gestión Pública (PEM; por sus siglas en inglés). El marco de Habilidades, Motivación y Oportunidades que guía el estudio fue discutido por primera vez con el PEM y dio como resultado el capítulo sobre GRH en el informe de la OCDE, Fomentar la Innovación en el Sector Público. Este informe también se basa en la Encuesta sobre Gestión Estratégica de Recursos Humanos en los Gobiernos Central y Federal de los Países de la OCDE, realizada por el PEM en 2016. Esta encuesta incluyó, por primera vez, un conjunto de datos comparativos sobre el uso de herramientas para apoyar la innovación pública. Además, el informe presenta múltiples estudios de casos y ejemplos recopilados en los países de la OCDE a través de la plataforma en línea OPSI, la red de contactos nacionales de OPSI y del PEM. La revisión se benefició de los debates realizados en la conferencia Estado Futuro organizada conjuntamente por la OCDE y el Gobierno de Chile en marzo de 2016 en Santiago, así como los comentarios del NCP de OPSI y del grupo de trabajo del PEM.

Reconocimientos

Esta revisión fue preparada por la Dirección de Gobernanza Pública y Desarrollo Territorial de la OCDE. La misión de la Dirección de Gobernanza Pública y Desarrollo Territorial es ayudar a los gobiernos en todos los niveles a diseñar e implementar políticas estratégicas, innovadoras, basadas en evidencia para fortalecer la gobernabilidad pública, responder eficazmente a los diversos desafíos económicos, sociales y ambientales y cumplir con los compromisos del gobierno hacia los ciudadanos.

El informe fue elaborado por Marco Daglio, encargado de trabajos de innovación Gobernanza Pública y Desarrollo Territorial, y Daniel Gerson, encargado de la labor de Gobernanza Pública y Desarrollo Territorial sobre Empleo y Gestión Pública. Las direcciones estratégicas fueron proporcionadas por Edwin Lau, Jefe de la División de Reforma del Sector Público, y Luiz de Mello, Director Adjunto de la Dirección de Gobernanza Pública y Desarrollo Territorial.

Los capítulos 1 a 4 fueron redactados por Laura Skoratko y Cristina Mendes, (Secretaría de la OCDE, División de Reforma del Sector Público). El informe completo se benefició de las contribuciones y revisiones proporcionadas por Daniel Gerson y Marco Daglio. Marie-Claude Gohier ayudó con la preparación de la publicación final. Bettina Huggard y Susan Rantalainen brindaron apoyo administrativo y ayudaron con la logística relacionada con la recolección de datos.

Los revisores nacionales de Francia y los Estados Unidos aportaron contribuciones y orientaciones muy valiosas al estudio. Por Francia, Françoise Waintrop de la Secretaría General del Primer Ministro para la Modernización de la Acción Pública. Por EE.UU., Megan Lazier del Laboratorio de Innovación de la Oficina de Gestión de Personal del Gobierno Federal.

El equipo del estudio desea reconocer las contribuciones aportadas por más de 300 actores chilenos del sector público, social y privado durante las entrevistas y encuestas de la OCDE que fueron administradas para los fines de esta revisión.

Por último, esta revisión no habría sido posible sin el compromiso y apoyo del Laboratorio de Gobierno, su comprometido equipo y los miembros de su Consejo Estratégico.

Agradecemos especialmente a Juan Felipe López, Director Ejecutivo del Laboratorio, Gianncarlo Durán, Director de Capacidades para Innovar, y Rodrigo Egaña, Director del Servicio Civil, por sus ideas y apoyo durante el proceso de revisión.

Tabla de contenido

Gráficos

Tablas

Resumen ejecutivo

El uso de la innovación en Chile para mejorar su sector público es parte de una larga tradición de modernización iniciada a principios de los años noventa e incluye la creación de Servicio de Impuestos Internos en línea, ChileCompra y Chile Atiende. Este estudio examina cómo los servidores públicos en Chile contribuyen a la innovación en el sector público, brindando una visión de los desafíos que enfrentan y qué se puede hacer para fortalecer su capacidad para innovar en el sector público chileno.

Habilidades: Fortaleciendo orientaciones centrales para garantizar un enfoque coherente del desarrollo de habilidades

Para innovar, los servidores públicos chilenos requieren habilidades y conocimientos técnicos específicos, así como una gama de habilidades cognitivas y conductuales más "suaves" como el pensamiento creativo y la comunicación. Dichas habilidades son encontradas en los servicios públicos de Chile, sin embargo no están bien desarrolladas o apoyadas institucionalmente. Pueden existir lagunas particulares en las habilidades relacionadas con el trabajo con los ciudadanos y en proyectos iterativos de innovación.

Las habilidades, una vez definidas y comprendidas, deben incorporarse a una organización, ya sea mediante la contratación o mediante el desarrollo de los empleados existentes. El Laboratorio de Gobierno ha comenzado a abordar algunas de estas brechas de habilidades a través de Experimenta, un programa que adopta un enfoque de "aprender haciendo" para construir capacidades de innovación en 12 instituciones públicas durante el primer año. El programa está diseñado en torno a conceptos sólidos de aprendizaje experiencial y mentorías, pero tomará tiempo para producir resultados medibles.

Para complementar esta iniciativa, las autoridades centrales, como la Dirección Nacional del Servicio Civil (DNSC) y el Laboratorio, deberían establecer estándares y directrices para apoyar un desarrollo más coherente de las habilidades de innovación. Esto incluye actualizar las directrices existentes para los encargados de contratación, diseñar oportunidades para compartir buenas prácticas entre ellos y diseñar herramientas que podrían fomentar la movilidad y las pasantías como una forma de desarrollar personal, difundir ideas y compartir habilidades difíciles de encontrar entre organizaciones.

Motivación: crear incentivos y fomentar una cultura de innovación

Para motivar a los funcionarios a innovar, las instituciones deben valorar la innovación y recompensar los comportamientos asociados. Los funcionarios chilenos que participaron en el proyecto demostraron un alto nivel de motivación para contribuir a la innovación y mejorar los servicios que prestan a los ciudadanos. A menudo, sin embargo, esta motivación es amortiguada por una burocracia que se percibe como rígida, y las culturas organizacionales que favorecen el cumplimiento sobre la resolución creativa de problemas. Las encuestas a funcionarios deben utilizarse para evaluar la cultura organizacional, evaluar las percepciones de los funcionarios y crear una base de datos que pueda guiar y mejorar las prácticas de gestión orientadas a la innovación.

Premios y redes también pueden ayudar a conectar y motivar a innovadores exitosos y potenciales. El premio Funciona! y la naciente Red de Innovadores Públicos están comenzando a desenterrar y recompensar innovaciones exitosas, además de vincular a innovadores entre instituciones públicas de Chile. El impacto de los premios y las redes debería ampliarse, por ejemplo, mediante el desarrollo de casos de estudio basados en innovaciones galardonadas poniéndolas a disposición de la red y de otros, para así fomentar su replicación.

Oportunidad: apoyar a los líderes para fomentar la innovación

Innovadores del sector público altamente capaces y motivados sólo lograrán una verdadera innovación si se les da la oportunidad de poner esas habilidades y motivaciones en acción. Los empleados necesitan una cierta autonomía para contribuir a la innovación. Los servidores públicos chilenos perciben pocas oportunidades de poner en práctica sus habilidades de innovación. Muchos hablaron de la necesidad de más recursos, tiempo, formación, gestión y liderazgo para crear espacios para innovar.

El liderazgo y la buena administración son cruciales para apoyar un sector público más innovador, sin embargo no todos los líderes o directivos públicos parecen tener una comprensión común de lo que significa la innovación en el contexto del sector público de Chile. Una visión y agenda compartida para la innovación del sector público, desarrollada a través de amplias consultas a servidores públicos chilenos, ayudarían a crear una comprensión común de lo que la innovación está tratando de lograr en el sector público de Chile. Los líderes pueden entonces alinear recursos y actividades para apoyar esta visión, creando lugares seguros (por ejemplo, laboratorios, unidades de innovación) para experimentar y probar nuevas ideas. Los gerentes intermedios tienen un papel directo para establecer las expectativas del equipo, proporcionar apoyo y dar permiso para probar cosas nuevas.

Dado el papel central de la comunidad de gestión pública de Chile, poco se hace para definir y desarrollar líderes y jefaturas orientadas a la innovación. Definir la innovación como una competencia ayudaría a aclarar los tipos de liderazgo y comportamientos de gestión que se esperan de los directivos públicos innovadores en el sector público de Chile. Estos pueden ser incluidos en el desarrollo de los materiales, la gestión del rendimiento y los regímenes de promoción. Si bien el Sistema Ejecutivo Superior puede proporcionar un punto de entrada para este tipo de intervención en los dos niveles superiores de la jerarquía, los niveles intermedios también deberían incluirse en las actividades de desarrollo orientadas a la innovación.

Fomentando capacidades para innovar en el sector público chileno

La creación de capacidades para innovar en el sector público implica complejas interrelaciones entre muchos actores institucionales y sistemas, desde el reclutamiento hasta el desarrollo de los servidores públicos, desde premios a la innovación hasta redes de innovadores, desde el fortalecimiento de una cultura organizativa colaborativa hasta el desarrollo de la capacidad para liderar la innovación. Como tal, fomentar la innovación requiere el desarrollo de enfoques paralelos y complementarios por parte de los diferentes actores. En Chile estos incluyen:

- El Laboratorio, una nueva organización en el servicio público chileno, aporta nuevas ideas y conocimientos y ha abierto un espacio para la experimentación controlada y la colaboración dentro del gobierno. A lo largo de los próximos años, el papel del Laboratorio cambiará a medida que asuma nuevas y diferentes funciones, lo que deberá acompañarse de un seguimiento continuo de sus logros y de la consideración de su estructura y gobernanza.
- La Dirección Nacional del Servicio Civil también tendrá que aprovechar la legislación reciente que amplía sus oportunidades de apoyar a las instituciones en su gestión de recursos humanos y desarrollo de fuerzas de trabajo y ser una fuerza impulsora en la promoción de herramientas y premios transversales del gobierno para fomentar la innovación.
- Cada líder y jefatura pública tiene un papel que desempeñar para asegurar que su propia institución pública esté equipada con servidores públicos que posean las habilidades, la motivación y las oportunidades para contribuir a innovaciones que mejorarán la vida de los chilenos a lo largo del país.

Capítulo 1

Capacidades para la innovación en el sector público Chileno

Este capítulo ofrece una visión general del marco teórico utilizado para evaluar las habilidades y capacidades de innovación en el sector público de Chile y mapea el panorama institucional para la innovación del sector público y la gestión de recursos humanos. El marco analítico identifica tres elementos que los servidores públicos en Chile requieren: habilidades, motivaciones y oportunidades para contribuir a la innovación en sus organizaciones públicas. El interés de Chile en crear capacidades de innovación en su sector público se basa en décadas de iniciativas de modernización del sector público. Sin embargo, la complejidad de los desafíos de gobernabilidad y la baja confianza de los ciudadanos en las instituciones gubernamentales exige nuevos enfoques para la formulación de políticas y la prestación de servicios. El Laboratorio de Gobierno, junto con la Dirección Nacional del Servicio Civil, son dos importantes instituciones con potencial para contribuir a un sector público chileno más innovador.

Por qué la gestión de recursos humanos es importante para la innovación

Los gobiernos de todo el mundo están operando en un nuevo paisaje que requiere nuevos enfoques para los complejos retos a los que se enfrentan. La innovación del sector público puede definirse como la implementación de algo nuevo en el contexto de una institución del sector público para abordar un desafío de política pública que logra resultados de valor para la sociedad. Los gobiernos siempre han innovado, tanto en la forma en que funcionan y los servicios que prestan, eaunque no hay una guía formal establecida para obtener las condiciones adecuadas para generar innovación en el sector público. Muchos gobiernos de la OCDE están experimentando con una serie de herramientas e intervenciones para fomentar y apoyar la innovación en sus sectores públicos; sin embargo, la capacidad de medir su efectividad depende de una variedad de factores contextuales tanto a nivel individual, organizacional y social. En muchos casos es todavía demasiado pronto para declarar el éxito.

Muchas de estas intervenciones se concentran en los servidores públicos. La gente está en el centro de la innovación del sector público. Las ideas para nuevos servicios y actividades empresariales, se generan en la mente de los funcionarios públicos, líderes políticos, usuarios de servicios y miembros de la comunidad en general, y son desarrolladas y llevadas a la escala a través de la dedicación de una amplia variedad de profesionales e interesados en diferentes etapas del proceso. Las investigaciones sobre innovaciones del sector público sugieren que las ideas innovadoras suelen ser iniciadas por jefaturas de nivel medio o personal de primera línea (Borins, 2014, Hartley, 2006) Cuando están apoyados y motivados, el personal de primera línea y las jefaturas de nivel medio pueden desempeñar un papel activo en presentar ideas innovadoras y trabajarlas en todas las etapas del proceso.

Por lo tanto, la gestión de personas es una palanca importante para sostener la innovación del sector público y se ha identificado como un área clave en la que los países deben centrar sus esfuerzos en aumentar su potencial de innovación (véase el anexo) Además, promover la innovación dentro de la fuerza de trabajo es una prioridad absoluta para la reforma de la GRH en los países de la OCDE[1]. Los factores que se espera tengan un impacto incluyen las redes de comunicación, las recompensas y las estructuras de incentivos, los estilos de gestión y liderazgo, las prácticas organizativas relacionadas con la atracción, la selección, la capacitación y la remuneración de los servidores públicosy los factores de diseño de puestos de trabajo tales como el uso de equipos y delegaciones de derechos en la toma de decisiones. Sin embargo, los mecanismos causales subyacentes todavía se están explorando y no se entienden completamente.

Propósito y Metodología del Estudio

Este estudio es el primero de su tipo en el cual se examina el uso de instrumentos de recursos humanos para la creación de capacidad de la función pública, con especial atención a la innovación del sector público en un país de la OCDE. El Gobierno de Chile ha demostrado un gran liderazgo en el trabajo con la OCDE para llevar a cabo este estudio y avanzar en el conocimiento de este incipiente campo de investigación. En consecuencia, ha sido de naturaleza exploratoria; guiado por un marco teórico y estructurado de tal manera que permita que cada paso se base en el conocimiento desarrollado en la fase anterior.

Recuadro 1.1. **Fases de la investigación**

Enfoque experimental y exploratorio donde cada fase se basa en la última. Dado que se trata de la primera revisión de este tipo, la OCDE y el Gobierno de Chile trabajaron juntos para desarrollar un proceso de investigación exploratorio que sitúe a la experiencia de los funcionarios chilenos y de los innovadores en el centro. Cada paso del proceso se basa en los resultados de la anterior.

1. Desarrollo de un marco teórico: la OCDE, con el aporte del Laboratorio de Gobierno y su Consejo Estratégico, desarrolló el marco basado en la investigación previa realizada por la OCDE sobre las capacidades, motivaciones y oportunidades de los funcionarios para innovar.
2. Una encuesta con preguntas abiertas, basada en el marco, fue desarrollada y completada por el Laboratorio y otras partes interesadas, con el fin de recolectar datos iniciales y evidencias que darían al equipo de la OCDE una comprensión amplia y básica de la gobernabilidad y la innovación en Chile. Esto se complementó con la finalización de la Encuesta Estratégica de Recursos Humanos de 2016 a comienzos de 2016, junto con todos los demás países de la OCDE.
3. Se realizó una primera misión en noviembre de 2015 para obtener una visión contextual del panorama de la innovación: en el sector público chileno, proporcionando conocimientos más profundos y matizados de lo que la encuesta inicial podría permitir. Esto incluyó entrevistas y discusiones de focus groups con más de 100 servidores públicos clave, altos líderes, académicos y miembros de la sociedad civil para entender el contexto actual de innovación en el sector público chileno. Esta misión incluyó a colegas de la oficina del Primer Ministro en Francia y el Laboratorio de Innovación de la Oficina de Administración de Personal en los Estados Unidos.
4. Se llevó a cabo una segunda misión en marzo de 2016, para realizar una serie de talleres con innovadores del sector público chileno, administradores de proyectos de innovación y altos líderes. Estos talleres interactivos fueron diseñados en torno a los ciclos de vida del proyecto para explorar la gama de habilidades y competencias utilizadas por los chilenos en sus procesos de innovación, así como las brechas percibidas en sus habilidades y barreras superadas en el camino. Esta misión incluyó la participación en una conferencia internacional (Estado Futuro) de innovadores del sector público, donde se ofrecieron talleres en colaboración con Nesta, la organización benéfica de innovación del Reino Unido.
5. Una tercera misión en noviembre de 2016 ofreció a la OCDE la oportunidad de comprometerse nuevamente con grupos clave de partes interesadas para presentar una evaluación elaborada a partir de los resultados de las dos primeras misiones y probar áreas de recomendaciones. Comparaciones con la base de datos de las prácticas de los países de la OCDE. Esta misión incluyó una oportunidad para poner a prueba una herramienta de encuesta que permite identificar las brechas de habilidades individuales percibidas, la capacidad de gestión y la preparación organizacional (recuadro 2.3).

El marco que guía el estudio se basa en investigaciones realizadas previamente con el grupo de trabajo de la OCDE sobre empleo y gestión pública. Se basa en una teoría establecida del comportamiento de los servidores públicos que establece que los funcionarios y servidores públicos de cualquier organización desempeñarán cuando tengan las habilidades, la motivación y las oportunidades para contribuir a los objetivos de su organización (Boxall y Purcell, 2011) Esto significa que enseñar habilidades para la innovación por sí sola no aumentarán la capacidad innovadora de una fuerza de trabajo sin adoptar una visión más amplia de los sistemas institucionales de Chile (tanto los apoyos como las limitaciones) y la gestión de la fuerza de trabajo. El marco impulsa una visión sistémica, vinculando las habilidades y capacidades de los funcionarios individuales con las características institucionales específicas del sector público chileno para aumentar y mejorar la innovación del sector público:

- **Habilidades para innovar**. Las habilidades generalmente se piensan en términos de destrezas, conocimiento y, cada vez más, comportamientos que una persona posee. No hay una definición acordada de las habilidades de innovación - en particular en el sector público - pero la investigación y la experiencia sugieren que las habilidades de innovación pueden ser consideradas en términos de habilidades duras (habilidad para usar herramientas / tecnologías específicas y metodologías) y habilidades blandas (comportamientos u orientaciones) Después de establecer cuáles habilidades y conocimientos contribuyen a la innovación en el sector público chileno, una pregunta clave sería: ¿son prevalentes y cómo se pueden adquirir, desarrollar y nutrir tales competencias?
- **Motivación para innovar**. Si bien la capacidad determinará lo que la fuerza de trabajo es capaz de hacer, la motivación determina lo que la fuerza de trabajo realmente hará: ¿Cómo pueden las prácticas de GRH influenciar a los servidores públicos a querer innovar? ¿Cómo pueden ser alentados a hacerlo por sus organizaciones, jefaturas y líderes? Motivar a los servidores públicos para que contribuyan a la innovación depende de un equilibrio cuidadoso de factores motivacionales intrínsecos y extrínsecos. La motivación intrínseca se discute en relación con la construcción de culturas organizativas innovadoras, utilizando herramientas de gestión tales como encuestas a los servidores públicos. Mirar a los motivadores extrínsecos requiere de un lente institucional y una mirada más cercana a los incentivos y recompensas de una organización para la innovación.
- **Oportunidad de innovar**. En esta sección se analiza cómo el liderazgo puede ayudar a crear espacio para la innovación dentro de las organizaciones públicas y proporcionarle a funcionarios capaces y motivados la oportunidad de innovar. Este tercer elemento desvía la atención hacia los impulsores organizativos para la innovación del sector público y las estructuras y estrategias que las organizaciones adoptan para alinear los recursos con el objetivo de innovar. El liderazgo institucional específico y las características del sector público pueden aumentar la oportunidad para que los servidores públicos puedan innovar y crear el espacio para la innovación en el sector público.

Este marco se ha desarrollado para examinar cómo los sistemas de recursos humanos de cada país apoyan la innovación. Se ha aplicado aquí por primera vez para examinar las habilidades de innovación y la preparación institucional para la innovación del sector público en Chile. Este estudio proporciona una evaluación del sistema de RR.HH. en Chile frente a su capacidad para identificar, sostener y desarrollar las habilidades necesarias para la innovación y proporcionar recomendaciones sobre intervenciones que puedan apoyar más y mejor la innovación del sector público en Chile. El estudio se basa en datos recogidos a través de entrevistas y talleres con más de 150 funcionarios y partes interesadas chilenas, para comprender las fortalezas y desafíos de la capacidad de la administración pública chilena para apoyar la innovación, incluyendo las habilidades y los facilitadores institucionales que son los más importantes para poder innovar en el sector público chileno.

Dado el carácter innovador de este estudio y el incipiente grado de conocimiento en este campo, hay pocos datos comparables disponibles para comparar la evaluación de Chile con otros países de la OCDE. El liderazgo de Chile en la realización de este proyecto ha permitido el desarrollo y el perfeccionamiento de un marco que ahora se puede aplicar a otros sistemas nacionales para permitir comparaciones entre Chile y otros países de la OCDE. En la medida de lo posible, la revisión se basa en la investigación de la OCDE sobre los factores que facilitan la innovación, las revisiones de la gobernanza pública de los países y la investigación en curso en asociación con la Comisión Europea y Nesta (Fundación Nacional para la Ciencia Tecnología y las Artes en el Reino Unido) para establecer un marco de habilidades para la innovación del sector público. También se beneficia de las conclusiones de exámenes anteriores de Chile y de varias bases de datos de la OCDE, tanto cuantitativas como cualitativas, en particular la Base de Datos de Innovación del Sector Público, así como los datos de la OCDE sobre los sistemas de gestión del empleo público y la administración pública recolectados a través de la Encuesta de Gestión Estratégica de Recursos 2016.

Esta revisión ofrece recomendaciones concretas para apoyar el objetivo de crear un sector público chileno más innovador. Su objetivo es apoyar y hacer avanzar la ambición del Laboratorio de Gobierno de ser un catalizador para un cambio cultural sistémica más amplio en toda la administración pública chilena, pero también dar un paso más para proponer acciones concretas para asegurar que la innovación no sea sólo algo confinado al Laboratorio, pero que se racionalice en todo el sector público de Chile.

El examen también proporciona al Laboratorio, a la Dirección Nacional del Servicio Civil (DNSC) y a los altos directivos y jefaturas varios ejemplos comparativos de otros países de la OCDE que participan igualmente en los esfuerzos por mejorar la capacidad de innovación de sus sectores públicos y, a veces, enfrentan desafíos similares.

Innovación en el sector público chileno: visión y contexto institucional

Los esfuerzos de Chile por el cambio y la mejora del sector público no son nuevos, sino que forman parte de una larga tradición de esfuerzos de reforma y modernización desde los años noventa. Estos continuos esfuerzos han hecho del país un líder en América Latina por su gobernancia pública efectiva y estable y soluciones innovadoras (por ejemplo, Chile Atiende, una plataforma de multiservicios para conectar a los ciudadanos con varios servicios públicos) (gráfico 1).

Gráfico 1.1. **Ejemplos de modernizaciones clave del sector público en Chile**

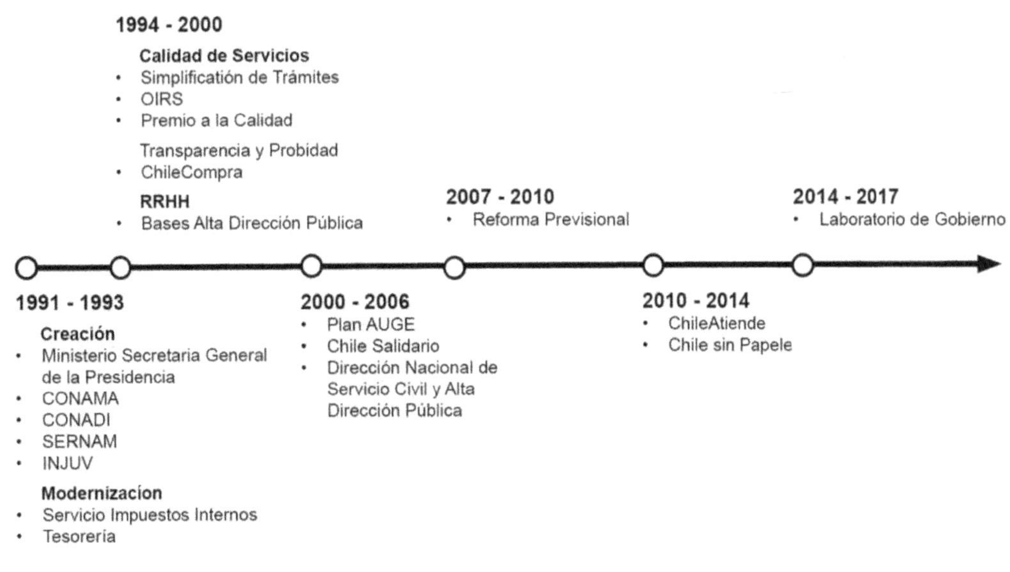

Fuente: Laboratorio de Gobierno.

Esta tradición de reforma y cambio continúa hoy en un contexto en el que la amplitud y magnitud de los desafíos que Chile tiene que afrontar han empeorado drásticamente en términos de confianza y productividad. Como en muchos países de la OCDE, Chile enfrenta una crisis de confianza entre los ciudadanos y el Gobierno. Según datos de Gallup, este nivel de confianza ha disminuido 12 puntos porcentuales entre 2007 y 2013 (gráfico 1.2) El bajo nivel de productividad del sector público requiere que los gobiernos proporcionen servicios públicos de calidad con los mismos o menos recursos. La creciente complejidad de los desafíos políticos a los que se enfrentan los gobiernos plantea serios desafíos a la acción gubernamental que pide nuevas formas de abordar su solución basada en la participación activa y la co-creación entre usuarios de servicios, servidores públicos y otros actores como emprendedores y académicos.

Gráfico 1.2. **Confianza en el gobierno nacional en 2012 y su cambio desde 2007**

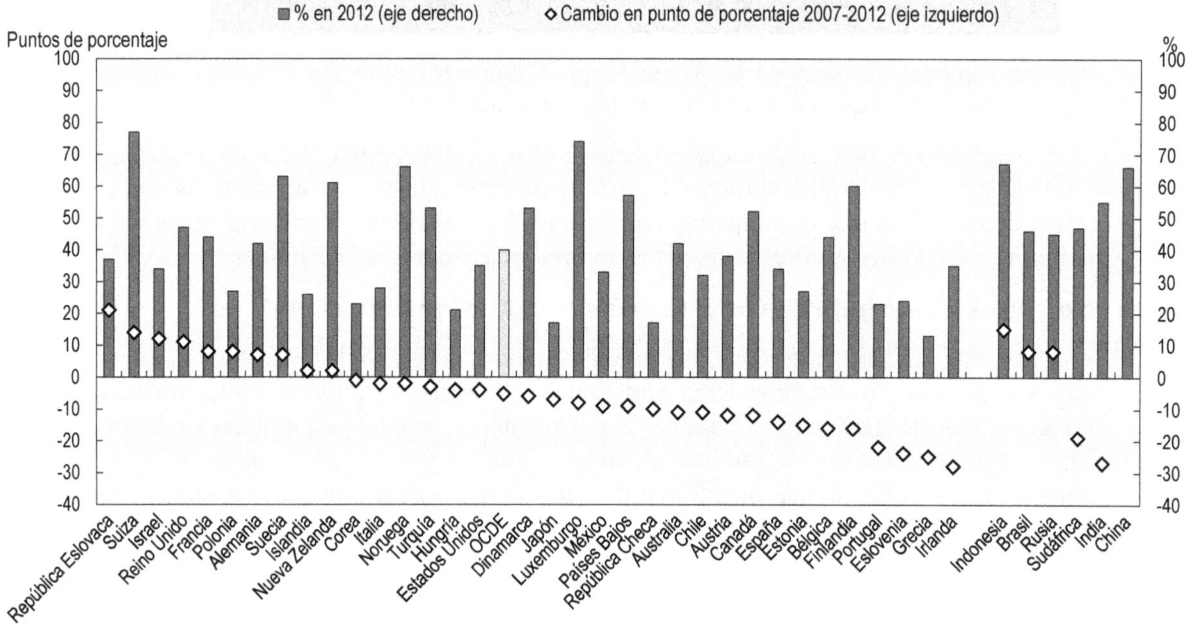

Statlink: http://dx.doi.org/10.1787/888932940740

Fuente: Gallup World Poll publicado en Panorama de Gobierno 2013 de la OCDE.

La visión del Gobierno de Chile es desarrollar una sociedad más inclusiva, y la innovación es el medio para lograrlo. Un elemento clave del programa de la Presidenta Bachelet es "ir más allá de la modernización y llegar a un Estado innovador para reconstruir la relación entre los ciudadanos y las instituciones públicas"[2] y reconstruir la confianza de los ciudadanos en el gobierno. Por un lado, esto incluye la reforma de las instituciones democráticas para aumentar la transparencia y elevar los niveles de integridad y rendición de cuentas. Por otro lado, incluye la construcción de nuevas áreas de políticas y el desarrollo de nuevos enfoques para involucrar a la sociedad civil en el desarrollo, implementación y evaluación de políticas y servicios públicos para asegurar que entreguen valor público.

El Laboratorio de Gobierno

El Laboratorio de Gobierno es una institución multidisciplinaria del Gobierno de Chile que se creó para ejecutar el mandato del Presidente sobre la innovación del sector público. Anunciado por la Presidenta Michelle Bachelet el 21 de mayo de 2014, el Laboratorio tiene la misión de desarrollar, facilitar y promover procesos de innovación centrados en el ser humano dentro de las instituciones del sector público. El Laboratorio representa el nuevo enfoque del Gobierno chileno para resolver los desafíos públicos que sitúan a los ciudadanos en el centro de la acción pública y los procesos de transformación.

El Laboratorio actúa como un área de aprender-haciendo para los funcionarios públicos y proporciona un entorno controlado que permite tomar riesgos y conecta a una diversidad de actores relacionados con los servicios públicos para co-crear y probar soluciones. El Laboratorio se dedica a dos grandes líneas de actividad:

- Proyectos de innovación y ecosistemas: estas incluyen acciones dirigidas a apoyar a las instituciones del sector público a buscar soluciones innovadoras que mejoren los servicios que el Estado aporta a los ciudadanos. Esto incluye proyectos (como los desafíos de la innovación abierta) con el objetivo de utilizar la inteligencia creativa de emprendedores, pequeñas empresas, estudiantes, académicos, ciudadanos y ONGs para encontrar soluciones a los retos más urgentes del Estado. Los proyectos incluyen el nuevo rediseño de la cuenta de electricidad, y proyectos en el sector de la salud, bienestar social, transporte y con la agencia de desarrollo CORFO.
- Capacidades para innovar: incluyen acciones centradas en el desarrollo de capacidades de los funcionarios para iniciar y llevar a cabo procesos de innovación dentro de las instituciones del sector público a través de experiencias de aprende haciendo. Los proyectos incluyen Experimenta (programa experimental para funcionarios que se discute más adelante en el capítulo 2); y la gestión de la Red de Innovadores Públicos (discutido más adelante en el capítulo 3).

El Laboratorio forma parte administrativa de la CORFO, organismo de desarrollo económico chileno (bajo los auspicios del Ministerio de Economía), y cuenta con un Consejo de Administración compuesto por cinco ministerios (Ministerio de Economía, Secretaría General de la Presidencia, Ministerio de Hacienda, Ministerio de Desarrollo Social y Ministerio del Interior y Seguridad Pública), CORFO, la Dirección Nacional del Servicio Civil y tres miembros de la sociedad civil.

En el desempeño de su programa y actividades, el Laboratorio utiliza una amplia gama de métodos innovadores, desde el diseño centrado en el ser humano al prototipado, desde el uso de experimentos a la co-creación, desde la participación de instituciones individuales a las llamadas a la innovación abierta. A través de sus habilidades y capacidades de construcción de un flujo de actividad, el Laboratorio se está comprometiendo con los servidores públicos de las instituciones públicas para enseñar métodos innovadores y construir sus capacidades para innovar.

El Laboratorio ha establecido asociaciones con diferentes instituciones públicas a través de programas en evolución que dan a los servidores públicos la oportunidad de usar y aprender sobre herramientas innovadoras, principalmente a través del desarrollo e implementación de sus propios proyectos de innovación. En términos de iniciativas recientes, la participación de las instituciones públicas y de sus funcionarios ha sido en gran medida a través de convocatorias públicas de propuestas y el interés de las instituciones públicas seguido de un procedimiento de selección (recuadro 2.4, el programa Experimenta, este último incorporando a 12 instituciones públicas en la primera versión del programa).

El contexto institucional más amplio que apoya la innovación

La investigación de la OCDE (2017, próximamente) ha señalado el carácter central del papel del Estado en fomentar la innovación del sector público estableciendo las condiciones y reduciendo las barreras para la innovación. Sin embargo, hay relativamente poca evidencia de cómo los países están organizando y coordinando su cartera de innovación e iniciativas en las entidades del gobierno central.

Los modelos emergentes incluyen enfoques más descentralizados -como en Australia, donde varias agencias están de antemano sobre diferentes aspectos de una agenda de innovación suelta. El apoyo es proporcionado por el Grupo de Líderes de Innovación de un alto directivo, que actúa como un foro para compartir lecciones y coordinar la colaboración interinstitucional; a más centralizados. En Dinamarca, la consolidación de una cartera clave de innovación (digital, gestión, innovación) en el marco de un Ministro dedicado a la innovación del sector público. Canadá ha aplicado un modelo más híbrido en el que una plataforma federal de coordinación de alto nivel para iniciativas de innovación (Comité de Innovación del Ministro) permite examinar las prioridades comunes y permite compartir experiencias y aprendizaje conjunto.

El marco institucional que apoya la innovación en Chile está fragmentado e incluye una amplia constelación de actores con mandatos formales, pero vagamente coordinados para apoyar la innovación. Éstas incluyen:

- La División de Innovación del Ministerio de Economía: esta división desempeña un papel en la coordinación y contribución al marco institucional más amplio para la innovación del sector público. Está a cargo de establecer las directrices para la Política Nacional de Innovación 2014-2018, que incluye la innovación del sector público, en el marco de la innovación para un crecimiento inclusivo y actualmente dirige la redacción de una política de innovación para el sector público. Preside el Consejo Estratégico, o Directorio, del Laboratorio.
- La Secretaría General de la Presidencia (SEGPRES), Unidad de Modernización del Estado y Gobierno Electrónico: La Unidad de Modernización del Estado y Gobierno Electrónico de la Secretaría General de la Presidencia (SEGPRES), es responsable de iniciativas relevantes para estimular el uso de TIC con el fin de mejorar las relaciones entre el Estado y sus ciudadanos, y mejorar la eficiencia. Además, SEGPRES es responsable de la coordinación y seguimiento de la implementación de todas las iniciativas actuales y futuras que afectan el desarrollo del gobierno digital. SEGPRES está representada en el Consejo del Laboratorio.
- La Unidad de Modernización del Ministerio de Hacienda: Esta unidad es responsable de la modernización del Gobierno y de sus servicios. En 2012 y 2013, desarrolló el concurso "Desafío Chile Gestiona" cuyo objetivo era reconocer y premiar iniciativas que mejoren la gestión y los beneficios que los servicios públicos brindan a los ciudadanos. A partir de 2014, la Dirección Nacional del Servicio Civil creó el concurso Funciona!, destinado a reconocer a los equipos de funcionarios que han implementado innovaciones dentro de sus instituciones. Este

Ministerio y la Unidad están representados en el Consejo Estratégico del Laboratorio.

- CORFO, la Agencia Chilena de Desarrollo Económico: acoge al Laboratorio y, aunque principalmente se dedica a la promoción de la innovación en el sector privado, también tiene algunos objetivos relacionados con la innovación del sector público. Su misión es "mejorar la competitividad y la diversificación del país mediante el fomento de la inversión, la innovación y el espíritu empresarial" y también tiene representación en el Consejo del Laboratorio de Gobierno.
- Consejo Nacional de Innovación y Desarrollo (CNID): el CNID asesora al Presidente en la identificación, formulación y ejecución de políticas de fortalecimiento de la innovación, competitividad y desarrollo en Chile y propone acciones públicas y privadas. Una de las prioridades del CNID es fomentar la innovación en el sector público. El Laboratorio está trabajando con el CNID en un proyecto para comenzar a hacer estudios de caso de la innovación sistemática del sector público chileno.
- La Dirección Nacional del Servicio Civil (DNSC): tiene entre sus objetivos "ser líder en materia de empleo y calidad de vida laboral, implementar políticas y prácticas innovadoras para el sector público." La DNSC desempeña un papel clave en el establecimiento de directrices y recomendaciones para (ADP, Alta Dirección Pública) y actualmente coordina el premio de innovación Funciona! (anteriormente denominado Desafío Innovación), que reconoce la capacidad de análisis, creatividad, innovación y mejora de la gestión de los procesos implementados por los funcionarios públicos.

La GRH e innovación del sector público en Chile

Reconociendo la importante palanca que la GRH puede ser para la innovación del sector público, el Gobierno chileno está tomando medidas para impulsar el mandato de innovación, buscando entender cómo sus funciones y estructuras de RR.HH. pueden ser utilizadas para crear capacidad de innovación de los funcionarios. En la siguiente sección se resumen las principales características del sistema de GRH en Chile para proporcionar una base de referencia para evaluar cómo las funciones de recursos humanos pueden mejorar las capacidades de los trabajadores para innovar.

El sistema de recursos humanos en Chile está bastante descentralizado, lo que significa que muchas funciones de recursos humanos se llevan a cabo a nivel organizacional. Si bien esto puede presentar desafíos relacionados con la armonización de los procesos y métodos de recursos humanos en toda la administración pública central, no es raro en los países de la OCDE (gráfico 1.3).

Gráfico 1.3. **Extensión de la delegación de prácticas de gestión de recursos humanos a los ministerios competentes del gobierno central en los países de la OCDE (2016)**

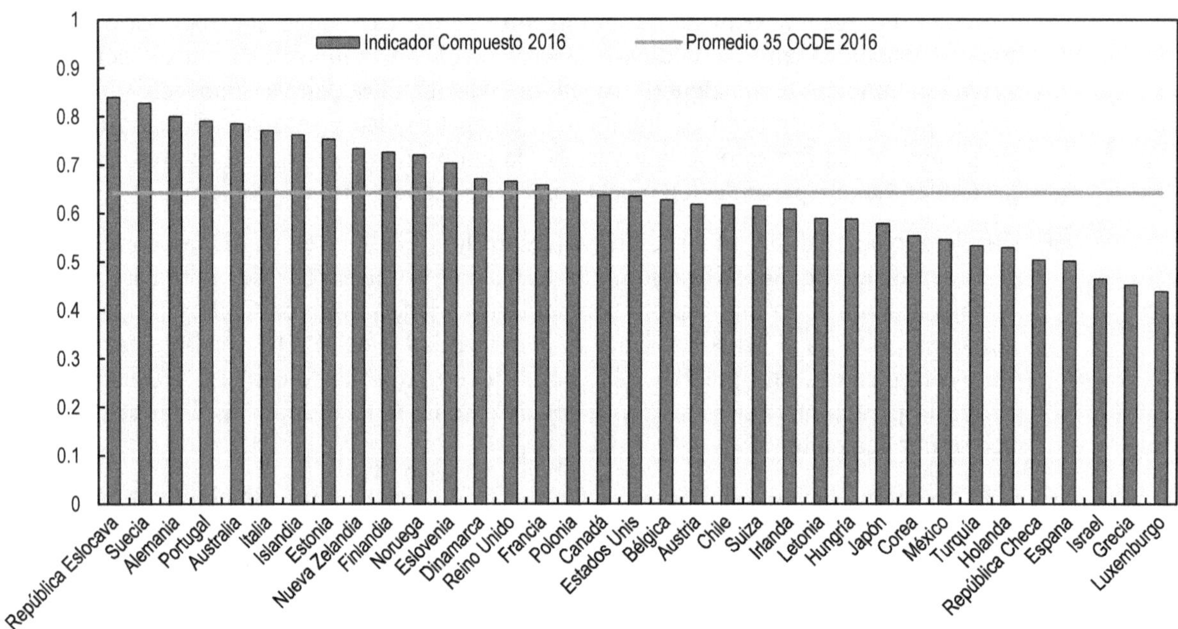

1. Este índice resume el nivel relativo de autoridad proporcionada a los ministerios de línea para tomar decisiones de GRH. No evalúa hasta qué punto los ministerios competentes están utilizando esta autoridad. Se compone de las siguientes variables: la existencia de un órgano central de GRH y el papel de los ministerios de línea en la determinación del número y tipo de puestos dentro de las organizaciones; la asignación del presupuesto entre la nómina y otros gastos; niveles de remuneración del personal; clasificación de puestos, reclutamiento y despidos; y las condiciones de empleo. El índice oscila entre 0 (sin delegación) y 1 (alto nivel de delegación). Los datos que faltan para los países se calcularon mediante sustitución media. Las variables que componen el índice y su importancia relativa se basan en juicios de expertos. Información adicional: www.oecd.org/gov/pem/OECD%20HRM%20Country%20Profiles%20-%20Methodological%20Notes.pdf.

Fuente: Encuesta OCDE 2016 sobre la gestión estratégica de los recursos humanos en los gobiernos centrales y federales de los países de la OCDE (*OECD 2016 Survey on Strategic Human Resources Management in Central/Federal Governments of OECD Countries*).

Con excepción de la gestión de los altos directivos, la función central de la autoridad de recursos humanos de Chile se ha limitado a proporcionar recomendaciones o directrices sobre cómo deben llevarse a cabo tales funciones. Ejemplo de esto se puede ver en la organización de muchas funciones de recursos humanos, incluyendo las siguientes:

- **Reclutamiento**: Existen diferentes categorías de servidores públicos, los de funcionarios permanentes (planta) y los que tienen contratos con elementos específicos de la administración pública (contrata) Aunque muchos pueden realizar funciones similares, son reclutados a través de diferentes procesos. A excepción de los altos directivos, el reclutamiento en la función pública (por planta y contrata) es realizado por cada organización pública, dependiendo de sus necesidades, con poca estandarización. Por lo tanto, la DNSC sólo desempeña un papel en el establecimiento de directrices y normas recomendadas para el proceso de contratación. Por ejemplo, el Manual de Procedimientos de Selección de la DNSC ofrece recomendaciones que apuntan a apoyar a las instituciones en los procesos de reclutamiento de funcionarios públicos. No existe un marco común de competencias para los mandos intermedios y, como tal, el reclutamiento de jefaturas de nivel medio es muy similar al reclutamiento de servidores públicos antes mencionado.

- **Capacitación y Movilidad**: Al igual que el sistema de reclutamiento, el desarrollo de las competencias de los servidores públicos también se determina a nivel de organización. Cada organización dentro de la administración pública central es responsable de identificar las necesidades actuales y futuras de capacitación y producir un plan de aprendizaje organizacional, incluyendo un programa de capacitación inicial para los funcionarios públicos. El papel de la DNSC es proporcionar orientación a las instituciones públicas y apoyarlas en la preparación de un análisis de las necesidades de capacitación, planificación, implementación y una evaluación de los efectos del Plan Anual de Capacitación de la institución. No existen programas específicos actuales de movilidad en la administración pública; sin embargo, la DNSC tiene planes para aumentarlo.
- **Desempeño**: En Chile, la DNSC elabora lineamientos para ayudar a las instituciones a diseñar criterios de desempeño. Una vez más, esto se gestiona a nivel organizativo. Sin embargo, el SADP o el puesto de funcionarios superiores es administrado por la DNSC, con un marco de competencia común.

La DNSC administra la mayor parte de las funciones de recursos humanos relacionadas con los altos funcionarios del sector público chileno (como parte del sistema del SADP), incluidos los procedimientos de contratación y selección. La Dirección General de Chile corresponde generalmente a las dos capas superiores de la jerarquía administrativa: los cargos de Director General y de Diputados, en los organismos y jefes de división. Con excepción de una minoría de altos directivos designados políticamente, la mayoría de los puestos forman parte del Sistema de Alta Dirección Pública (SADP) El SADP funciona como un filtro, seleccionando los candidatos más idóneos para puestos específicos de altos ejecutivos públicos, pero dejando la decisión final a la autoridad política.

La nueva ley N° 20.955, aprobada en octubre de 2016, introduce importantes cambios en el ámbito de la gestión de los recursos humanos y en el sistema del SADP. En el ámbito de la gestión de recursos humanos, por ejemplo, la ley estableció una Subdirección encargada de Gestión y Desarrollo del Personal (Subdirección de gestión y desarrollo de personas) dentro de la DNSC. Esto puede apoyar a la DNSC en tener un papel más controlador con respecto a la integridad, reclutamiento, selección, desarrollo y retención de funcionarios públicos, así como en buenas prácticas laborales.

Esto significa que si bien la función actual de la DNSC consiste principalmente en proporcionar orientación a otras instituciones gubernamentales, es posible que con la nueva Ley, la DNSC desempeñe un papel más importante en el establecimiento de normas comunes, la supervisión y adopte una postura más proactiva en las áreas de recursos humanos.

Asimismo, esta nueva Ley amplía también el ámbito de actuación de la DNSC con respecto a la Alta Dirección Pública. En un esfuerzo por mejorar la eficiencia del SADP, aumenta el número de puestos de alto nivel para los que se necesita contratar a través del sistema. También tiene disposiciones para mejorar la gestión del desempeño del personal del SADP, reducir el impacto de los cambios gubernamentales en los altos cargos de la administración y mejorar los procesos de selección y reclutamiento para puestos de ADP.

En la actualidad, un proceso de selección típico en el SADP toma alrededor de tres meses, comenzando con la publicación de la vacante en los medios. Una consultoría, encargada por el Consejo, analiza los currículos de los diferentes candidatos y prepara una lista de selección para el Consejo o un comité de selección. El Consejo de Alta Dirección Pública tiene la responsabilidad de garantizar la transparencia, la confidencialidad y la no discriminación del proceso de selección. El consejo es presidido por el director de la DNSC y está formado por cuatro miembros propuestos por el Presidente de la República y aprobados por el Senado.

Con el sistema de recursos humanos en el sector público chileno ampliamente descentralizado y considerando el período de transición hacia la plena implementación de la nueva ley, será importante considerar cómo las instituciones públicas pueden aprovechar mejor las prácticas de GRH que puedan mejorar la capacidad de innovación de los servidores públicos, y cómo comunicar y convencer a las autoridades de RR.HH. en las organizaciones del sector público del valor de adoptar tales prácticas. A medida que la DNSC empiece a asumir un papel más importante en el desarrollo de normas comunes, también existe la oportunidad de tener en cuenta los vínculos entre la GRH y la innovación del sector público y de tener un impacto en la administración pública central.

Los tres capítulos que siguen examinan con más detenimiento las capacidades (capítulo 2), las motivaciones (capítulo 3) y las oportunidades (capítulo 4) necesarias para que la administración pública chilena pueda innovar - y proponer recomendaciones concretas (capítulo 5) para el Laboratorio de Gobierno y otras organizaciones del Gobierno chileno para fortalecer las capacidades de innovación de sus servidores públicos.

Notas

1. Según la Encuesta de Gestión Estratégica de Recursos Humanos en los Gobiernos Centrales / Federales de los Países de la OCDE de 2016.

2. Del discurso presidencial de la Presidenta Bachelet, 21 de mayo de 2014, http://derechoyreligion.uc.cl/es/docman/documentacion/chile/otros/519-discurso-presidencial-y-cuenta-publica-21-de-mayo-de-2014-discurso/file

Bibliografía

Borins, Sandford (2014), *The Persistence of Innovation in Government.* Brookings Institution Press: Washington DC.

Boxall, Peter and John Purcess (2011), *Strategy and Human Resource Management*, Tercera Edición.Palgrave Mcmillan.

Hartley, Jean (2006), "Innovation in Governance and Public Services: Past and Present", *Public Money & Management*, 25:1, 27-34.

OECD (2017), *Fostering Innovation in the Public Sector*, OECD Publishing, Paris, http://dx.doi.org/10.1787/9789264270879-en.

OECD (2016), *Engaging Public Employees for a High-Performing Civil Service*, OECD Public Governance Reviews, OECD Publishing, Paris, http://dx.doi.org/10.1787/9789264267190-en.

OECD (2015), *The Innovation Imperative in the Public Sector: Setting an Agenda for Action*, OECD Publishing, Paris, http://dx.doi.org/10.1787/9789264236561-en.

OECD (2013), *Government at a Glance 2013*, OECD Publishing, Paris, http://dx.doi.org/10.1787/gov_glance-2013-en.

Anexo 1.A

El imperativo de la innovación: un llamado a la acción

La OCDE ha trazado los factores que han desempeñado un papel en la creación de capacidad innovadora de los gobiernos. Estos incluyen la gestión de los recursos humanos, el flujo de conocimiento dentro y entre las organizaciones, la organización del trabajo y las reglas y procesos que rigen las operaciones y actividades. Se pide a los gobiernos que adopten las siguientes medidas para fortalecer esas zonas a fin de aumentar sus capacidades innovadoras.

ACCIÓN 1: Enfoque en las personas

Los gobiernos deben invertir en la capacidad y capacidades de los funcionarios públicos como catalizadores de la innovación. Esto incluye la construcción de la cultura, incentivos y normas para facilitar nuevas formas de trabajo.

Ningún gobierno puede construir un país fuerte y seguro sin un servicio civil profesionalizado, capaz e innovador. A medida que las demandas en el sector público y los recursos correspondientes continúen moviéndose en direcciones opuestas, un servicio público innovador será cada vez más vital para asegurar tanto el éxito nacional como global. Dado el impacto de largo alcance del sector público, todos los gobiernos tienen interés en garantizar que sus servicios públicos cuenten con las habilidades, los incentivos y el margen para la toma inteligente de riesgos y la resolución de problemas para impulsar la innovación y lograr mejores resultados para los ciudadanos.

ACCIÓN 2: Usar el conocimiento

Los gobiernos deben facilitar el libre flujo de información, datos y conocimientos en todo el sector público y utilizarlo para responder de manera creativa a nuevos desafíos y oportunidades.

La información, los datos y los conocimientos que informan la toma de decisiones estratégicas y operacionales son fundamentales para impulsar la innovación del sector público. Aprovechar el potencial innovador de la información requiere que la información esté abierta y disponible y que las organizaciones consideren cuidadosamente qué información se requiere y la mejor forma de integrarla sistemáticamente en el proceso de toma de decisiones para apoyar el aprendizaje continuo. Las organizaciones que no aprenden incurren en el riesgo de asumir costos más altos y repetir sus errores, mientras que no logran realizar nuevas posibilidades.

ACCIÓN 3: Trabajando juntos

Los gobiernos deben avanzar en nuevas estructuras organizacionales y aprovechar las asociaciones para mejorar los enfoques y las herramientas, compartir el riesgo y aprovechar la información y los recursos disponibles para la innovación.

Los complejos problemas a los que se enfrentan hoy los gobiernos exigen nuevas formas de trabajo. Estos incluyen enfoques basados en la colaboración y la asociación que integran las perspectivas vitales de los ciudadanos, la sociedad civil, el mundo académico y empresarial, así como el intercambio dentro del sector público. Creación de organizaciones más abiertas, en red y horizontales, adeptos a la colaboración dentro y fuera del gobierno. También lo son los enfoques más flexibles para trabajar, incluyendo la combinación de talento y la creación de equipos de gestión multidisciplinarios para fortalecer la colaboración. Los equipos temporales, los proyectos piloto y las asignaciones a corto plazo constituyen maneras para que los gobiernos experimenten y alineen mejor el talento y los recursos para fomentar el diálogo, la experimentación, la toma de riesgos, la resolución de problemas y la innovación.

ACCIÓN 4: Repensar las reglas

El gobierno debe asegurar que las reglas y procesos internos estén equilibrados en su capacidad de mitigar los riesgos, al tiempo que protegen los recursos y permiten la innovación.

Aunque los controles internos, las reglas y los procesos son necesarios para asegurar una buena administración y responsabilidad, pueden inadvertidamente sofocar la innovación. Para protegerse de esto, los gobiernos deben asegurarse de que sus servicios públicos estén marcados por reglas razonables y procesos ajustados. Dichos esfuerzos deberían garantizar que el régimen de rendición de cuentas sea sólido y fácil de navegar, centrándose al mismo tiempo más sistemáticamente en la innovación y en el trabajo horizontal para lograr objetivos compartidos. Los nuevos enfoques centrados en los resultados de la gestión de proyectos son un paso para alejarse de las rigideces de un modelo de mando y control.

Bibliografía

OECD (2015), *The Innovation Imperative in the Public Sector: Setting an Agenda for Action*, OECD Publishing, Paris, http://dx.doi.org/10.1787/9789264236561-en.

Capítulo 2

Habilidades para la innovación del sector público en Chile

Este capítulo discute las habilidades, destrezas y competencias orientadas a la innovación de los servidores públicos chilenos y recomienda maneras en que éstas pueden mejorarse a través del reclutamiento y el desarrollo. La definición de las habilidades de innovación en el sector público está evolucionando y la OCDE ha desarrollado un marco que identifica seis áreas clave de habilidades: iteración, alfabetización de datos, centricidad del usuario, curiosidad, narración y insurgencia. La evaluación sugiere que Chile puede beneficiarse del desarrollo de habilidades relacionadas con la gestión iterativa de proyectos y la co-creación con los ciudadanos. El capítulo también subraya que los retos y las oportunidades alinean los programas de contratación y desarrollo con las habilidades de innovación. Subraya el potencial de desarrollar y gestionar programas de movilidad entre organizaciones como una forma de desarrollar y difundir las destrezas de innovación en todo el sector público.

¿Cuáles son las habilidades para la innovación en el sector público?

Las personas son fundamentales para la innovación del sector público en todas las etapas de su proceso. Como tal, el estudio de la innovación debe comenzar con la comprensión de las personas que contribuyen a la innovación, y lo que las motiva y les permite hacerlo (OCDE 2015).

Las habilidades y destrezas de los servidores públicos son elementos esenciales en la innovación del sector público. Un análisis del Departamento de Industria de Australia[3] en el marco del proyecto APS 200 sobre la innovación del sector público identifica la falta de habilidades como "una gran barrera para generar, seleccionar, implementar y sostener la innovación del sector público"

Reconociendo que en primer lugar los servidores públicos están en el centro de la innovación del sector público, plantea preguntas sobre las habilidades que los servidores públicos necesitan para innovar (OCDE 2015). La innovación no es una habilidad o destreza en sí misma, sino la combinación de una variedad de elementos que se reúnen en el lugar y al momento adecuado. En este sentido, la comprensión de las habilidades y atributos que las personas necesitan para contribuir a la innovación es un paso importante en el proceso de formulación de políticas.

Hasta ahora se ha hecho muy poco trabajo sobre las habilidades de innovación, particularmente en el contexto del sector público. En general, las capacidades individuales pueden ser consideradas en términos de habilidades técnicas (conocimiento definido y comprobable y habilidades técnicas tales como la capacidad de usar ciertas herramientas) y competencias "más suaves" (comportamientos, orientaciones, pero también la capacidad de hacer conexiones entre ideas que no son evidentes, para formular las preguntas correctas y conectarse con las personas adecuadas, etc.) El trabajo de la OCDE (2011) sobre las habilidades de innovación en el sector privado identifica tres tipos de habilidades requeridas para la innovación:

- Tema específico: las habilidades y conocimientos técnicos asociados con el área temática que se está innovando. Esto sería, por ejemplo, habilidades de programación de computadoras para desarrollar innovaciones de software, o conocimiento médico para innovar en el sector de la salud. En un contexto del sector público, esto podría incluir habilidades de análisis de políticas en un campo de política específico (por ejemplo, política fiscal, política de vivienda o política educativa), análisis financiero, análisis de datos grandes, etc.
- Pensamiento y creatividad: la capacidad de hacer las preguntas correctas, identificar las lagunas y desarrollar soluciones y enfoques creativos que puedan ayudar a llenar estas lagunas. Esto incluye la capacidad de buscar datos, casos, problemas y procesos aparentemente dispares para identificar hilos comunes y conectar los puntos. La imaginación y la curiosidad son conductores. Estos son más difíciles de evaluar utilizando los métodos tradicionales de selección y evaluación, y no se desarrollan fácilmente en los ambientes tradicionales de aprendizaje basados en el aula.
- Comportamiento y social: el reconocimiento de que la innovación es un deporte de equipo da un alto nivel de importancia a la capacidad del equipo para trabajar en alianzas, comunicarse, negociar, trabajar en red y colaborar. El liderazgo es necesario para sacar las habilidades adecuadas del equipo y un nivel de confianza

es necesario para tomar los tipos de riesgos que resultan en aprendizaje y en crecimiento.

Dyer, Gregersen y Christensen (2011), identifican cinco competencias transversales que contribuyen a la innovación. El "pensamiento asociativo" más fundamental, describe cómo se sintetiza nueva información y se hacen conexiones a través de conceptos. "En pocas palabras, los pensadores innovadores conectan campos, problemas o ideas que otros no encuentran que estén relacionados". El resto de las habilidades apoyan el pensamiento asociativo. Ellos son: cuestionar (incluso más que responder), observar (implica estar cerca de los que sirven y del mundo alrededor del servicio), establecer redes (encontrar y probar ideas entre personas con puntos de vista "radicalmente" diferentes) expermientando (manteniendo convicciones a raya y probando hipótesis)

La innovación en el sector público es diferente del sector privado y, por lo tanto, es probable que requiera un conjunto de habilidades diferentes. Por ejemplo, los desafíos que enfrenta el sector público son particularmente complejos y la línea de fondo no siempre es clara. Los contextos del sector público tienden a estar basados en reglas y altamente regulados, políticos y disputados. El financiamiento para la innovación es más difícil de identificar y tiene estándares más altos relacionados con la transparencia y la rendición de cuentas. Tomando en combinación, esto conduce a mayores niveles de aversión al riesgo y menores tasas de cambio y adopción. La multitud de diferencias entre los entornos operacionales de los sectores público y privado sugiere que las destrezas para los innovadores del sector público, aunque a veces son similares, difieren de varias maneras importantes y, por lo tanto, requieren su propia consideración.

Los sistemas de empleo en el sector público también tienden a ser menos sensibles a las circunstancias cambiantes, por lo que es más difícil establecer conjuntos específicos de aptitudes para abordar los desafíos de la innovación. Este último punto es importante ya que las habilidades y destrezas necesarias para lograr la innovación del sector público son muy variadas dependiendo del contexto de la innovación y, por lo tanto, demandan sistemas de empleo que puedan atraer, seleccionar y retener una amplia variedad de habilidades. Por ejemplo, es probable que el conjunto de habilidades necesarias esté influenciado por la etapa de innovación (por ejemplo, la fase inicial de una innovación puede requerir destrezas relacionadas con la observación y comunicación con los usuarios, mientras que la fase de desarrollo puede requerir habilidades de iteración y experimentación) (Por ejemplo, la innovación de un producto puede requerir habilidades de ingeniería, mientras que la innovación en un servicio puede requerir habilidades de gestión del cambio) y por el área de servicio donde se produce la innovación (innovar en un sector altamente regulado como la contratación pública podría requerir de habilidades legales substanciales).

En consecuencia, es probable que las instituciones difieran en cuanto a sus necesidades de competencias en un momento dado. En un contexto tan cambiante, el reclutamiento y la capacitación de personas con diferentes antecedentes, experiencia o mentalidad puede ser útil para poder aprovechar esa diversidad al desarrollar innovaciones, tal como lo sugiere el Departamento Australiano de Industria de Australia.[4]

Actualmente, la OCDE trabaja con diversos asociados para comprender mejor las aptitudes de innovación en el contexto del sector público y la complementariedad de las competencias a nivel de equipo. Esta investigación exploratoria se basa en entrevistas en profundidad con funcionarios de todo el mundo (incluyendo a Chile) que han estado involucrados en proyectos de innovación, actividades y equipos, así como especialistas en innovación del sector público.

Gráfico 2.1. **Modelo emergente de habilidades de innovación - seis categorías de habilidades**

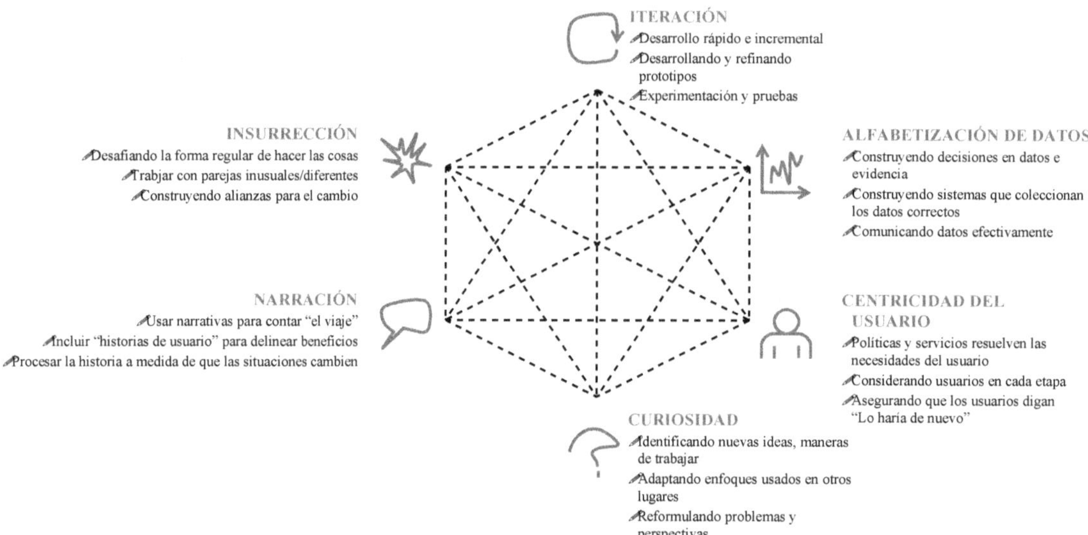

Los resultados de la investigación identifican algunos temas comunes en las habilidades y capacidades de los innovadores, que el equipo de la OCDE ha agrupado en las seis categorías siguientes (gráfico 2.1):

- Iteración: habilidades para desarrollar de forma incremental y experimental políticas y servicios públicos. Estos sugieren habilidades relacionadas con la creación de prototipos y el diseño de políticas experimentales, y para reunir habilidades de política, implementación y evaluación bajo un enfoque más ágil para la gestión de proyectos.
- Alfabetización de datos: habilidades para aprovechar los datos para informar proyectos de innovación en cada etapa de su ciclo de vida. Esto implica habilidades para analizar y vincular los conjuntos de datos existentes para aportar nuevos conocimientos, recopilar nuevos datos y traducir los datos a la innovación.
- Centricidad del usuario: habilidades que acercan a los servidores públicos a los ciudadanos que sirven para asegurar que los servicios se enfoquen en responder a las necesidades de los usuarios. Las habilidades que pueden usarse aquí pueden incluir observación etnográfica, comunicación y alcance, facilitación y habilidades de networking con grupos de usuarios y partes interesadas.
- Curiosidad: habilidades que comienzan con la formulación de preguntas, buscar y probar nuevas ideas o formas de trabajar. Esto requiere de habilidades para explorar activamente más allá de su propio trabajo cotidiano para identificar desarrollos sorprendentes y para conectar los puntos para traer ideas sobre su propio trabajo.
- Narración: habilidades que pueden explicar el cambio deseado de una manera que construye apoyo y compromete a las personas adecuadas en el nivel correcto. Esto puede significar sugerir ideas a los financiadores, tomadores de decisiones, aliados y socios, y, en última instancia, al público en general.
- Insurgencia: habilidades que permiten a los innovadores desafiar el statu quo y trabajar con socios inusuales para implementar el cambio. Esto requiere de construir coaliciones dentro y fuera del gobierno, y un conocimiento íntimo de los procesos de toma de decisiones y cómo influir en ellos.

La siguiente fase de este trabajo seguirá desarrollando estos temas y examinará quién debe poseer estas habilidades y en qué grado. Esto sugiere la necesidad de mirarlos de dos maneras: una cierta conciencia de ellos para la mayoría de los funcionarios públicos (por ejemplo, ¿qué significa esto y cómo se podría aplicar a mi área de trabajo?).

Combinada con habilidades de nivel profesional para aquellos que utilizan directamente estos habilidades en su trabajo cotidiano. Como primera mirada a estas habilidades especializadas, la investigación examinará a los innovadores "dirigidos por el diseño" y "dirigidos por datos" (recuadro 2.1) para proporcionar una manera tangible de discernir algunas de las diferencias específicas en sus habilidades comparadas con los funcionarios comunes. Estas diferencias tendrán diferentes implicaciones para el desarrollo de recursos humanos: la construcción de las habilidades de innovación a un nivel de sensibilización en la fuerza de trabajo general requerirá una estrategia diferente comparada con las habilidades especializadas.

Recuadro 2.1. **Destrezas especializadas dirigidas por el diseño y los datos para la innovación en el sector público**

Los innovadores dirigidos por el diseño utilizan una mezcla de habilidades de diseño y de investigación participativa; en particular, adoptan un enfoque centrado en el usuario para identificar soluciones a problemas políticos, por ejemplo:

- Utilizando métodos etnográficos y enfoques de investigación-acción para trabajar en estrecha colaboración con los usuarios de los servicios y obtener una comprensión profunda de sus necesidades.
- Al comprender cómo interactúan las personas con los sistemas y las interfaces, diseñan servicios en los que es fácil para los usuarios comprender lo que necesitan hacer y fácil para ellos hacerlo.
- Tomando prestado de las prácticas de diseño industrial y de productos, desarrollan soluciones probando prototipos que son repetidamente "ajustados" a través de un proceso iterativo con los usuarios en lugar de probar solamente una solución casi final con ellos.
- Mediante el uso de habilidades de diseño visual y de comunicación son capaces de transmitir mensajes e ideas complejas de manera más atractiva.

Los innovadores dirigidos por los datos usan una combinación de enfoques analíticos tradicionales con nuevas técnicas de ciencias de la información para que las decisiones se basen en datos en lugar de opiniones, por ejemplo:

- Mediante el uso de datos grandes / no estructurados y / o de múltiples fuentes ("big data"), pueden analizar subconjuntos de poblaciones de usuarios e identificar tendencias que no se detectan en encuestas por muestreo.
- Usando fuentes de datos en tiempo real, alertan a las jefaturas de servicio sobre los problemas que surgen en lugar de después de que hayan surgido.
- Usando técnicas de aprendizaje automático, pueden identificar relaciones y encontrar modelos que no se encontrarían con las técnicas estadísticas / econométricas tradicionales, incluyendo el análisis de grandes conjuntos de datos basados en texto.
- Mediante el uso de nuevas técnicas de visualización de datos, incluyendo métodos interactivos, para comunicar los resultados pueden ayudar a las personas a interactuar con las ideas de los datos.

Fuente: OECD (forthcoming), *Core skills for public sector innovation: a model of skills to promote and enable innovation in public sector organisations,* OECD Publishing, Paris.

Evaluación de habilidades para la innovación en Chile

Cuando se les pide que reflexionen sobre las habilidades utilizadas para implementar proyectos innovadores, los servidores públicos chilenos mencionan una amplia gama de habilidades en línea con las descritas en la literatura y los modelos de habilidades presentados anteriormente. Por ejemplo, en entrevistas y talleres, muchos discutieron la importancia de empatizar con los usuarios, probar ideas a través de la iteración, comunicarse eficazmente con los tomadores de decisiones, anticiparse a varios escenarios y administrar proyectos complejos, riesgos y equipos multidisciplinarios (Recuadro 2.2).

Recuadro 2.2. **Habilidades y competencias de innovación destacadas por los funcionarios chilenos**

La OCDE realizó un primer proceso de recopilación de datos durante una misión de revisión de una semana en Santiago en noviembre de 2015, durante la cual el equipo de la OCDE, entre ellos dos compañeros de Francia y Estados Unidos, realizaron varias entrevistas, focus groups y mesas redondas con más de 90 actores del Laboratorio y sus directivos, de otros ministerios, municipios, organizaciones de la sociedad civil, sindicatos, innovadores, el sector privado y académicos. Si bien estas partes interesadas eran muy diversas, todos coincidieron en que la innovación en el sector público chileno es necesaria para impulsar el progreso y mostraron un entusiasmo y compromiso para hacerlo realidad.

Los talleres permitieron investigar los diferentes tipos de habilidades y destrezas que los innovadores y sus jefaturas utilizan para innovar y administrar la innovación en el sector público. Se identificaron las siguientes habilidades:

- Escuchar y simpatizar con los usuarios de servicios y otras partes interesadas, con el fin de descubrir los desafíos que enfrentan al acercarse y utilizar el servicio.
- Conocimiento de la misión y contexto de la institución pública, con el fin de diseñar soluciones que tengan sentido en ese contexto.
- Capacidad para probar una idea a pequeña escala, lo que requiere la capacidad de anticipar, probar diferentes hipótesis, proyectar diferentes escenarios y tener la capacidad de reaccionar rápidamente y adaptarse a los resultados.
- Capacidad para trabajar en / gestionar equipos multidisciplinarios para comprender diferentes enfoques de una situación dada y poder abordarla desde diferentes perspectivas.
- Resistencia y perseverancia, y la capacidad de reaccionar ante un contexto cambiante, por ejemplo, en lo que se refiere al apoyo político o a la satisfacción de los usuarios.
- Convencer a los demás de participar
- Tener buenas habilidades de gestión de proyectos, que impliquen la capacidad de gestionar los plazos, los riesgos, las personas y los resultados, pero también las expectativas de los usuarios, de la jerarquía administrativa e incluso del nivel político.
- Evaluar el impacto de una innovación, incluyendo un buen conocimiento del proceso, pero también de metodologías, datos y recursos de evaluación de impacto apropiados.

Fuente: Talleres de la OCDE en Chile.

Si bien la OCDE encontró algunos ejemplos de las seis áreas de habilidad en uso entre los servidores públicos chilenos, la percepción general que surgió de entrevistas, talleres y investigación documental es que estas habilidades existen en bolsillos con poco marco para agruparlos e utilizarlos en la administración. El equipo tuvo la impresión que la innovación del sector público en Chile es principalmente de arriba hacia abajo, y que los funcionarios chilenos carecen de las habilidades y oportunidades para persuadir a los usuarios finales de participar en la producción.

Los funcionarios chilenos involucrados en proyectos innovadores pasaron mucho tiempo discutiendo el uso de los aspectos de las tres últimas áreas de habilidades. La curiosidad se manifestó por su participación en redes, aunque expresaron su deseo de obtener más oportunidades para construir este conjunto de habilidades y más tiempo en su trabajo diario para explorar posibles soluciones a sus problemas con las políticas. A menudo se hacía hincapié en que la narración era necesaria para crear apoyo para su innovación. La insurgencia fue evocada cuando muchos innovadores discutieron la importancia de conocer la administración y cómo cambiarla desde adentro. Por el contrario, el equipo de revisión no encontró tanta evidencia de procesos iterativos o de innovación impulsada por datos.

Se observó una brecha particular en el ámbito de las competencias centradas en los ciudadanos. Mientras que muchos innovadores enfatizaron la necesidad de tener empatía con los usuarios del servicio, pocos mostraron evidencia de ponerlo en práctica. Parece que muchas de las innovaciones discutidas en el contexto de las misiones y talleres se centraron internamente - en la generación de ideas del personal. Pasar del personal al servicio de los usuarios es un salto que requiere un cierto nivel de confianza que puede no existir todavía en muchos de los servicios públicos chilenos. Esta opinión fue respaldada por muchos de los principales interesados entrevistados para este informe. Este puede ser un área que valdría la pena invertir en capacitación, que actualmente se está probando con el programa Experimenta dirigido por el Laboratorio (recuadro 2.4)

Muchos de los servidores públicos que participaron en el estudio, expresaron una falta de capacitación para el desarrollo de habilidades en general y para las habilidades orientadas a la innovación de manera más específica. En varias ocasiones, se sugirió que la mayoría de las capacitaciones se centran en actualizaciones de información relacionadas, por ejemplo, con un cambio en la regulación. La capacitación orientada a la innovación que si bien existe, es vista como demasiado corta y con poco tiempo para poder hacer una diferencia en los negocios como de costumbre. Los innovadores expresaron su deseo de aprender a experimentar y respaldar sus ideas con una investigación sólida, para construir su caso y estructurar sus proyectos. La mayoría de los innovadores exitosos hablaron de tener que aprender todo en el camino.

Algunas de estas ideas se reflejan en un ejercicio piloto que se llevó a cabo con un grupo de 20 innovadores del sector público de 15 instituciones y servicios públicos diferentes (recuadro 2.3) Dado el pequeño tamaño de la muestra, estos resultados no pueden generalizarse, sin embargo, presentan algunas indicaciones iniciales de cómo este grupo de innovadores públicos chilenos percibe sus habilidades orientadas a la innovación, los de su gestión y la disposición de su organización a incorporar estas habilidades.

No es sorprendente que este grupo considere que sus propias capacidades superan a los directivos y la preparación de sus organizaciones en todas las áreas de competencia. Sin embargo, la alfabetización de datos es un área particular donde los innovadores perciben un mayor grado de preparación organizacional. Esto puede reflejar una percepción general que a menudo se articuló durante las misiones de investigación, de que la innovación del sector público en Chile está generalmente asociada con la tecnología más que con las personas. Las áreas de iteración y habilidades centradas en el usuario son las más bajas en la autoevaluación del innovador, y la mayoría de los innovadores dicen que tienen una conciencia general de estas áreas de habilidades, pero no las usan regularmente.

Cada una de estas seis áreas de habilidades, se dividen en subcomponentes en la encuesta. Los tres subcomponentes en los que las autoevaluaciones de los innovadores fueron notablemente bajas fueron: el uso de enfoques incrementales / iterativos de gestión de proyectos (por ejemplo, Agile); utilizando experimentos para evaluar proyectos piloto, proyectos y políticas; y utilizando técnicas de ciencias del comportamiento (por ejemplo, "nudge") en la política pública. Se podría hacer más investigación para confirmar estas brechas de habilidades y podría ayudar a informar el diseño de los programas de capacitación.

Recuadro 2.3. **Encuesta sobre la percepción de las habilidades de innovación**

Durante el taller final del proyecto, los funcionarios realizaron una encuesta piloto que sirve como herramienta para evaluar las propias habilidades orientadas a la innovación y la percepción de la capacidad de gestión y la preparación organizativa para utilizar las habilidades de innovación. La encuesta está estructurada en las seis áreas de habilidades identificadas por la OCDE: iteración, alfabetización de datos, centricidad del usuario, curiosidad, narración e insurgencia. Cada una de estas áreas de habilidades se subdividen hasta llegar a subcomponentes y se les pida a los participantes que califiquen cada subcomponente en una simple escala de tres puntos en tres dimensiones: su propia conciencia / dominio de la habilidad, el estímulo de su jefatura para usar la habilidad y la disposición de su organización a adoptar la habilidad.

Gráfico 2.2. Resultados de la encuesta piloto de habilidades

Percepción de sí mismo
Percepción de jefatura
Percepción de la organización
Iteración
Alfabetización de datos
Centricidad del usuario
Curiosidad
Narración
Insurgencia

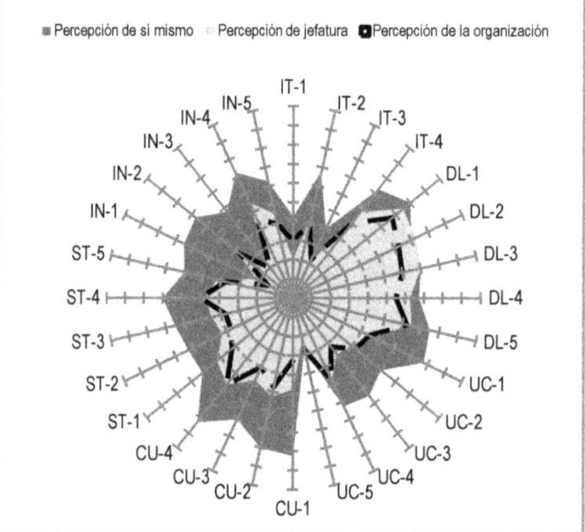

Los resultados de esta encuesta piloto se muestran más arriba. En todas las áreas de habilidades, la autopercepción del innovador es más alta que su percepción del apoyo de sus jefaturas o la preparación de su organización. Si bien el tamaño de la muestra es demasiado pequeño para generalizar, la impresión notable de esta encuesta es que los innovadores públicos perciben la alfabetización de datos como un área de habilidades que es mucho más apoyada que el resto. Además, los innovadores ven desigualdades en las áreas relacionadas con la iteración y las habilidades centradas en el usuario, particularmente en el uso de las ideas conductuales.

Recuadro 2.3. **Encuesta sobre la percepción de las habilidades de innovación** (*cont.*)

Este tipo de estudio de la percepción podría aportar información valiosa sobre los estudios futuros. Por ejemplo, la herramienta podría ser utilizada dentro de una agencia en varias /todas las unidades para obtener una comprensión de las percepciones de los servidores públicos y cómo varían. También podría utilizarse para comparar organizaciones y compararlas entre sí. Esto puede ayudar a proporcionar información sobre la capacitación, el reclutamiento y el desarrollo organizacional, y aportar información a la toma de decisiones de la gerencia. También puede ayudar a identificar áreas con mayor concentración de innovación y habilidades gerenciales y buenas prácticas, que pueden ser compartidas dentro y entre organizaciones.

Los subcomponentes de las seis áreas de habilidades se muestran en la tabla de la derecha. Son;

S1	**Iteración**	**S4**	**Curiosidad**
IT-1	Uso de enfoques de gestión de proyectos incrementales / iterativos (por ejemplo, Agile)	CU-1	Hacer preguntas o analizar una situación desde diferentes perspectivas
IT-2	Usar prototipos para desarrollar y explorar cómo funcionan los diferentes enfoques	CU-2	Buscando información sobre cómo se puede mejorar un servicio
IT-3	Utilización de experimentos para evaluar proyectos piloto, proyectos y políticas	CU-3	Identificar enfoques que funcionan en otros lugares y adaptarlos para su propio proyecto / equipo / servicio
IT-4	La gestión de la toma de riesgos	CU-4	Trabajando en equipos con diversas perspectivas y antecedentes
S2	**Alfabetización de datos**	**S5**	**Narración**
DL-1	Recopilación de datos útiles, relevantes y oportunos	ST-1	Explicar cómo un proyecto ofrece cambios positivos
DL-2	Acceso a los datos existentes recopilados por el gobierno	ST-2	Utilizar varios métodos para comunicar la información del proyecto (por ejemplo, vídeo, infografías, publicaciones en el blog, etc.)
DL-3	Trabajar eficazmente con analistas y especialistas en datos	ST-3	Usando "historias de usuarios" para explicar problemas o cambios desde la perspectiva del usuario
DL-4	Comunicación del análisis de datos y resultados a personas no especialistas	ST-4	Adaptando el mensaje a medida que se desarrolla la situación o cambios en la audiencia
DL-5	Basar las decisiones en datos y pruebas	ST-5	Comunicar los resultados del proyecto una vez finalizado para promover el aprendizaje y la difusión
S3	**Centricidad del usuario**	**S6**	**Insurrección**
UC-1	Considerando los usuarios de los servicios públicos en cada etapa de un proyecto	IN-1	Tratar formas de trabajo no comprobadas o inusuales, aunque no funcionen
UC-2	Realizar investigaciones para averiguar qué necesitan realmente los usuarios de los servicios públicos	IN-2	Trabajar con socios nuevos y diferentes para entregar proyectos
UC-3	Facilitación de talleres interactivos con usuarios para desarrollar o probar enfoques	IN-3	Desafiando posiciones y perspectivas tradicionales o por defecto
UC-4	Desarrollar asociaciones con organizaciones que representan a los usuarios	IN-4	Comprender cómo funciona la organización y cómo cambiarla
UC-5	Uso de técnicas de ciencias del comportamiento (por ejemplo, "nudge") en políticas públicas	IN-5	Construir coaliciones para impulsar el cambio y ampliar los mensajes

Fuente: Talleres de OCDE en Chile.

Adquirir y reforzar estas habilidades desde una perspectiva organizacional requiere pensar en dos funciones fundamentales de RR.HH. para asegurar que las personas adecuadas, con las habilidades y talentos adecuados estén trabajando de la manera correcta para maximizar la energía creativa y ver proyectos hasta la implementación: reclutamiento para traer a la gente y el desarrollo para construir las habilidades de la fuerza de trabajo existente. Esto significa abrir posiciones a fuentes externas (o internas) de reclutamiento; seleccionar a las personas basadas en las combinaciones correctas de habilidades técnicas y competencias conductuales y valores. En segundo lugar, las habilidades de innovación se pueden desarrollar con un equipo y la orientación a largo plazo y la participación de los servidores públicos en el diseño de actividades de capacitación puede ayudar a desarrollar la capacidad de innovación. El reclutamiento y la capacitación de funcionarios y jefaturas serán el tema central de las siguientes secciones.

Reclutamiento de innovadores del sector público: tendencias y desafíos en el contexto chileno

Los sistemas de contratación y selección llevan a las personas con los conjuntos de aptitudes deseados a las organizaciones y a los equipos a cumplir las tareas y cumplir las prioridades del Gobierno. Chile está entre los 20 países de la OCDE que aspiran a un cuerpo de servidores públicos más innovador en sus documentos de visión estratégico (gráfico 2.3) Dada esta prioridad, los sistemas de reclutamiento y selección deben estar diseñados para que las personas adecuadas con las habilidades adecuadas estén en las posiciones adecuadas para contribuir a la innovación. De los 20 países de la OCDE que incluyen la innovación en sus visiones de servicio civil, 12 informan que usan procedimientos de reclutamiento para construir la capacidad innovadora de la fuerza de trabajo.

El vínculo entre la contratación del sector público y la innovación se reconoce en los Estados Unidos, donde la Estrategia para la Innovación Estadounidense tiene por objeto ofrecer un gobierno innovador, en parte mediante la "contratación rápida de talentos con autoridades de contratación flexibles y prácticas de contratación aceleradas, una brecha significativa entre el desempeño de clase mundial y las prácticas actuales del sector público".[5] Además, para aumentar la inclusión y la diversidad en la administración pública, países como Canadá están fomentando la innovación en los procedimientos de contratación y personal simplificando el proceso de solicitud de empleo o introduciendo programas de pasantías.

Gráfico 2.3. **Elementos destacados en las visiones estratégicas del servicio civil en los países de la OCDE**

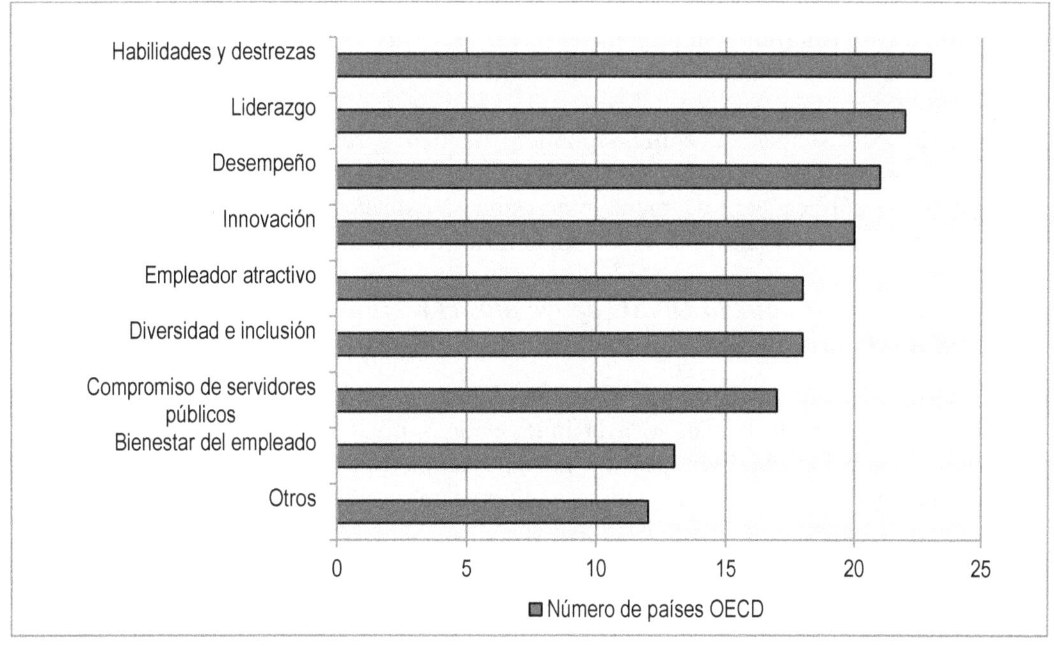

Fuente: Encuesta sobre Gestión Estratégica de Recursos Humanos en los Gobiernos Central y Federal de los Países de la OCDE (*2016 Survey on Strategic Human Resource Management in Central/Federal Governments of OECD Countries).*

El reto en Chile

En el marco regulatorio vigente en Chile, la contratación de servidores públicos (con excepción de los altos directivos), es un proceso realizado por cada organización con alto grado de autonomía y escasa normalización. No existe una autoridad central para diseñar e implementar reformas que puedan alinear las prácticas de reclutamiento con las habilidades de innovación, pero como la DNSC debe asumir un rol normativo con la Ley 20.955 / 2016, la DNSC podría dar prioridad a la innovación en estas áreas mientras continúa tratando de influir a través de la orientación y el apoyo.

Esto se complica aún más debido a que el proceso de contratación difiere según la categoría de servidores públicos. Las dos principales categorías de servidores públicos son los funcionarios públicos cuyas condiciones de trabajo están reguladas por el "Estatuto Administrativo" (planta) y otros servidores públicos que tienen contratos específicos con las administraciones públicas (contrata) Mientras que los jefaturas intermedias pueden ser de cualquiera de estas categorías, el reclutamiento de jefaturas senior está sujeto a reglas diferentes y será discutido más adelante en este capítulo.

En la actualidad, muchas instituciones son conscientes y participan en iniciativas de innovación en el sector público; sin embargo, en estas instituciones no hay indicios de que se identifiquen y recluten activamente conjuntos de habilidades orientadas a la innovación (excepto para los servidores públicos del Laboratorio). Esto es probable por una serie de razones. En primer lugar, como se ha comentado anteriormente, hay poco acuerdo sobre lo que constituye la capacidad de innovación en contextos del sector público y cómo estos se traducen de un sector a otro. Las seis áreas de habilidades de innovación propuestas por el proyecto de la OCDE comienzan a abordar esta cuestión. En segundo lugar, la mayoría de las prácticas de contratación del sector público están orientadas a garantizar oportunidades iguales basadas en el mérito y, por lo tanto, dan prioridad a las competencias definidas, principalmente identificadas mediante una educación certificada (por ejemplo, universitaria). Los tipos de competencias de conducta más suaves que se requieren de los innovadores, como la curiosidad, la narración o incluso la insurgencia, son más difíciles de identificar y evaluar. En tercer lugar, la mayoría de los sistemas de empleo público, tienden a reclutar a los generalistas de políticas (por ejemplo, personas con títulos de economía, derecho, ciencias políticas, administración pública, etc.) y a menudo no están bien diseñados para atraer y seleccionar personas más especializadas, diseñadores, científicos de datos y expertos en facilitación.

Oportunidades para que la DNSC apoye más el reclutamiento y selección orientados a la innovación

La DNSC cuenta ya con algunas herramientas que podrían ajustarse para ayudar a apoyar el reclutamiento orientado a la innovación a nivel institucional. El Manual de Selección tiene como objetivo apoyar a las instituciones en los procesos de contratación de los funcionarios y también les anima a adoptar un enfoque innovador con respecto a sus políticas y prácticas de gestión de personas. En este sentido, el Manual ya identifica algunas competencias para la innovación ya que alienta a los reclutadores a evaluar a los candidatos a que tengan un pensamiento innovador, la motivación para lograr resultados, o un pensamiento estratégico.

Sin embargo, en la práctica, los perfiles profesionales de los funcionarios incluyen las aptitudes y capacidades necesarias para desempeñar la función, que pueden ser genéricas o más específicas, pero en cada caso llevan a la función específica que la institución busca. Las habilidades relacionadas con la innovación no suelen ser un requisito explícito en las descripciones de puestos, lo que sugiere que las instituciones públicas pueden no estar muy familiarizadas con el concepto de innovación del sector público para mejorar los servicios públicos o con las habilidades que pueden apoyarla. En este sentido, la DNSC tiene espacio para explorar aún más el potencial del Manual para apoyar la innovación.

Aunque el Manual se remonta a 2006, la DNSC está trabajando actualmente en un Plan de Asesoramiento en Reclutamiento y Selección para reforzar la contratación basada en el mérito mediante el desarrollo de políticas, procedimientos y herramientas de gestión. Como la nueva Ley 20.955 / 2016 también otorga más responsabilidades a la DNSC en el área de reclutamiento y selección de funcionarios, esto puede proporcionar una ventana oportuna para incluir habilidades y métodos de innovación para evaluar estas, en las herramientas que apoyarán en los próximos años.

En la preparación del Plan de Asesoramiento sobre Contratación y Selección, la DNSC podría incluir a los profesionales de recursos humanos o a los representantes de los comités de selección a nivel institucional (que están compuestos por los cinco puestos más altos del jefe de personal de la institución) para discutir formas de incluir las habilidades de innovación y competencias relacionadas en los criterios de reclutamiento.

En países como Francia, por ejemplo, la unidad central de GRH organiza conferencias para examinar, con los funcionarios de RR.HH. a nivel ministerial y regional, las implicaciones de las principales directrices sobre las prácticas de gestión de recursos humanos. Estas conferencias, organizadas anualmente desde 2007, combinan reuniones técnicas sobre gestión de la fuerza de trabajo pública con conferencias estratégicas sobre prioridades en la planificación de la fuerza de trabajo.[6] Este tipo de eventos regulares y cortos con profesionales de recursos humanos podría ser utilizado por Chile para discutir la innovación.

Mediante la participación de recursos humanos y la contratación de jefaturas de diversos ministerios, la DNSC podría beneficiarse de su experiencia en el terreno para elaborar un prototipo de componente de innovación para el Plan. Una segunda fase de este proceso, podría involucrar la invitación de varias instituciones para probar el prototipo y ajustarlo para asegurar la máxima utilidad y relevancia antes de lanzarlo para un uso más amplio. Tal enfoque puede no sólo beneficiar al producto final, sino que también podría aumentar la concienciación y obtener la aceptación de la importancia de reclutar para la innovación de las organizaciones participantes.

La capacitación de las personas en los comités de selección para identificar las destrezas relacionadas con la innovación durante el proceso de contratación también podría contribuir a una función pública más innovadora. Esta capacitación podría ser construida dentro del "Decálogo", un conjunto de reglas para los comités de selección desarrolladas por la DNSC para evitar prejuicios de selección y para promover mejores prácticas de reclutamiento.

No obstante, es importante señalar que si bien las recomendaciones anteriores relativas al Manual de Selección, el Plan de Asesoramiento sobre Contratación y Selección y el Decálogo abarcan la contratación de funcionarios, sólo el 37% de los 227.869 servidores públicos de la central de administración pública son funcionarios públicos (DIPRES 2015).

Posiciones Contrata: buscando el equilibrio entre flexibilidad y mérito

Para las restantes categorías de servidores públicos, principalmente contrata, los cuales representan más del 60% de la mano de obra, los servicios públicos tienen la flexibilidad de reclutar según sus necesidades. Tener acceso a procedimientos flexibles de contratación puede respaldar la innovación del sector público si se utiliza para atraer conjuntos de habilidades específicas a los cuales los procedimientos generales de contratación están mal ajustados. Sin embargo, en este caso deben existir directrices claras para el uso de estas prácticas de contratación para evitar situaciones en las que dos personas con el mismo trabajo tienen contratos de trabajo muy diferentes. En Irlanda, la Comisión de Nombramientos de Servicios Públicos ha publicado un Código de Prácticas para Nombramientos Atípicos, que puede utilizarse en el "proceso de nombramiento en el que los enfoques normalizados de contratación y selección pueden no ser adecuados para satisfacer necesidades críticas a corto plazo y es necesario asignar un funcionario o un servidor público que desempeñe funciones superiores temporalmente para un período de corto plazo definido para atender tales necesidades.[7]

En Chile, según una encuesta institucional realizada por la DNSC en 2013 (Barómetro de la gestión de personas 2013), se utilizan criterios de selección transparentes y basados en méritos para menos de la mitad de las 171 instituciones de la Administración Pública Central.[8] Si uno de los propósitos de la contratación flexible es apoyar la innovación del sector público, las administraciones deberían hacer un mayor uso de criterios de transparencia y mérito para estas posiciones, siguiendo la recomendación de la Instructivo Presidencial sobre Buenas Prácticas Laborales en Desarrollo de Personas en el Estado,[9] que alienta a las administraciones a utilizar prácticas comparables para contratar servidores públicos y servidores públicos contrata (Incluyendo la creación de perfiles de trabajo o descripciones para todas las posiciones, independientemente de su estado) Las nuevas responsabilidades otorgadas a la DNSC en materia de contratación y desarrollo de personal (Ley 20.955 / 2016) pueden mejorar el alcance de DNSC para seguir adelante en esta dirección.

El atractivo del empleo público: la marca del empleador para la innovación

Por último, las habilidades de contratamiento para la innovación en el sector público también suponen la capacidad de atraer esas habilidades. Esto significa asegurarse de que las personas con las habilidades y motivaciones para innovar en el sector público de Chile sean conscientes de las oportunidades de empleo donde puedan usar estas habilidades y vean al sector público como un empleador atractivo, confiable y creíble. La actual marca de empleadores de Chile promueve los conceptos de integridad, valores públicos, ética, diversidad, inclusión y oportunidad de contribuir al valor público (encuesta SHRM de la OECD, 2016).

Ajustar la marca de este empleador para atraer a innovadores públicos podría significar mejorar el material de reclutamiento para identificar claramente la innovación como el resultado deseado y, por lo tanto, la mentalidad. Tal vez un punto de partida sea la página web donde se publican los puestos de trabajo públicos www.empleospublicos.cl, utilizados por todos los servicios de la Administración Central para la difusión de puestos de trabajo. Hacer hincapié en las oportunidades de innovación del sector público, proporcionar ejemplos de proyectos innovadores o incluso comunicar sobre las actividades de innovación y los premios del sector público, podría atraer a candidatos que estén inspirados a contribuir a la Innovación del Sector Público (PSI).

También sugiere que se reclute activamente en lugares donde se encuentren posibles innovadores del sector público, como las ferias de empleo; eventos de networking orientados a la innovación, conferencias y ceremonias de premiación; escuelas de posgrado con programación orientada a la innovación y eventos paralelos a la comunicación a través de los medios sociales. A medida que el Laboratorio de Gobierno continúa ampliando su red de profesionales de la innovación dentro y fuera del sector público, puede ser capaz de desempeñar un papel en vincular a los aspirantes a innovadores con puestos de trabajo en las instituciones públicas. Esto podría inspirarse en el programa de los equipos de innovación de Bloomberg Philanthropies[10] que lleva a los profesionales de la innovación al gobierno de la ciudad a "apoyar a los líderes y personal de la agencia a través de un proceso basado en datos para evaluar problemas, generar nuevas intervenciones de respuesta, desarrollar asociaciones y ofrecer resultados medibles".[11]

Por supuesto, hay que velar por que la comunicación concuerde con la realidad y que los postulantes atraídos por esas estrategias de comunicación se hagan cargo de puestos de trabajo que les permitan aportar activamente sus talentos a la innovación del sector público. Esto podría lograrse, por ejemplo, en Practicas Chile www.practicasparachile.cl. Este programa, administrado por la DNSC y apoyado por el Ministerio de Hacienda, ofrece a los estudiantes universitarios la posibilidad de realizar prácticas en ministerios y servicios públicos en todo el país. Hacer hincapié en la innovación como parte del programa podría utilizarse para atraer a jóvenes talentos, daría a las instituciones de acogida otra oportunidad de reflexionar sobre el potencial innovador de los puestos de trabajo y crearía también un grupo de potenciales candidatos futuros a la función pública que habrían adquirido experiencia sobre la innovación en el sector público.

En los Estados Unidos, por ejemplo, en el Estado de Michigan, la "InnovateGov Field Experience-Internship",[12] ofrece a los estudiantes universitarios la oportunidad de trabajar con agencias gubernamentales u organizaciones sin fines de lucro, en la ciudad de

Detroit, para abordar un complejo conjunto de asuntos que rodean las ejecuciones hipotecarias de la ciudad. Las pasantías ayudan a los estudiantes a involucrarse en la política de la ciudad o del condado, e incluyen sesiones con discusión de casos, consultoría de pares y participación o literatura sobre innovación urbana.

Desarrollo de habilidades para la innovación

El aprendizaje está en el centro de la innovación del sector público. La innovación en el sector público es, por definición, un proceso dinámico de aprendizaje a través de la observación, el intercambio, la experimentación, la prueba y el debate. Cada fase de un proyecto de innovación requiere diferentes tipos de aprendizaje para informar al siguiente.

Un equipo de innovadores públicos chilenos expresó esta idea en el contexto de uno de los talleres cuando les dijo al grupo que para tener éxito necesitaban "aprender a aprender"

El aprendizaje se considera cada vez más en todas las profesiones basadas en el conocimiento como una parte fundamental del trabajo. El aprendizaje inicial recibido a través de la educación previa al empleo ya no se considera suficiente para llevar a las personas a lo largo de toda su carrera (OCDE, 2011). Como tal, el concepto de aprendizaje a lo largo de la vida es esencial para asegurar que las habilidades que los servidores públicos individuales tienen cuando son contratados siguen siendo relevantes para el lugar de trabajo. En este sentido, las habilidades para la innovación en el sector público no pueden ser estáticas, sino que siempre estarán ajustándose a nuevos desafíos, nuevos entornos operativos y nuevas innovaciones y oportunidades tecnológicas. Por estas razones, considerar la capacidad de los funcionarios chilenos para aprender, adaptarse y crecer a lo largo de su carrera será fundamental para construir capacidades de innovación en el gobierno.

Gráfico 2.4. **Herramientas utilizadas para permitir la innovación en la fuerza de trabajo en los países de la OCDE (2016)**

Concursos de ideas/Cajas de sugerencias
Grupos de discusión, blogs, u otros foros en línea
Entrenamiento para apoyar a servidores públicos
Equipos autónomos, multidisciplinarios
Aprendizaje de compañeros orientados en la innovación
Comisiones interministeriales de innovación
Laboratorios de innovación/centros de actividades
Competencias de innovación
(Re)visión de servicio civil
Procedimientos de contratación
Ferias de innovación
Otros
0 5 10 15 20 25 30
Número de países de OCDE

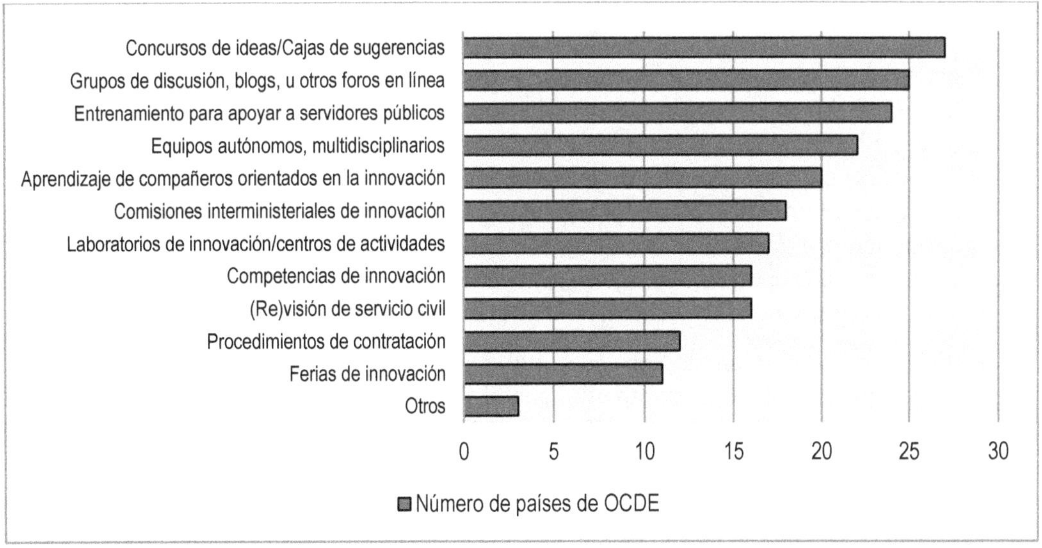

Fuente: Encuesta del 2016 sobre la Gestión Estratégica de Recursos Humanos en los Gobiernos Central y Federal de los Países de la OCDE *(2016 Survey on Strategic Human Resource Management in Central/Federal Governments of OECD Countries).*

En los países de la OCDE, la capacitación es una de las principales herramientas que se están explorando actualmente para apoyar la innovación del sector público (gráfico 2.4), sin embargo, esta capacitación toma muchas formas, ya que la innovación del sector público involucra diferentes combinaciones de habilidades. Por ejemplo, varias escuelas de servicio público están diseñando programas de innovación para la alta dirección, que los elimina de sus responsabilidades directivas cotidianas, construye su red y les da tiempo para reflexionar sobre desafíos desde nuevas perspectivas. Si bien no existe una fórmula perfecta para la capacitación en innovación, se pueden plantear las siguientes preguntas a los buenos programas: ¿Sacan a las personas fuera de su zona de confort y se les pide que miren a los problemas tradicionales y trabajen de nuevas maneras, desde nuevas perspectivas, con nuevas herramientas y con nuevos socios y compañeros? ¿Observan cómo la innovación puede abordar los problemas de la sociedad y las prioridades del gobierno y animan a los participantes a vincularse a los resultados? ¿Ofrecen oportunidades prácticas a los participantes para iterar mediante la evaluación, el ajuste, la reasignación y la realización de beneficios? ¿Crean una zona de laboratorio donde los participantes pueden probar las herramientas y habilidades en un ambiente seguro? ¿Se centran en herramientas para la resolución de problemas en lugar de en reglas y procedimientos? ¿Abordan los valores de la organización y los valores personales? ¿Combinan principios y prácticas de innovación con el lenguaje y los principios comunes del sector público?

En resumen, lo anterior sugiere que la innovación en capacitación exige una capacitación innovadora. Y la capacitación de innovación no tendrá éxito en un formato de taller breve, pero requiere de un compromiso más largo de los participantes y, por lo tanto, de los diversos actores de sus instituciones. La diversidad de formas que puede adoptar la innovación del sector público sugiere que las habilidades de aprendizaje para la innovación deben adaptarse a las necesidades concretas del alumno (Innovación y Habilidades Empresariales Australia / Gobierno de Australia, 2009) En Australia, por ejemplo, el Departamento de Educación, Empleo y Relaciones Laborales contribuyó a la elaboración de una guía de capacitación basada en el aprendizaje autodirigido, el aprendizaje basado en actividades y el aprendizaje basado en problemas como los principales métodos para desarrollar perfiles de habilidades seleccionadas para la innovación.

Dada la realidad contextual de muchos proyectos de innovación, la mejor forma de aprender sobre la capacitación de innovación podría ser combinando los tipos de aprendizaje. El aprendizaje basado en el aula mediante estudios de casos y simulación puede reforzarse mediante el aprendizaje experiencial a través de pasantías u otras formas de asignaciones temporales. El coaching puede ayudar a llevar la perspectiva exterior a los desafíos del mundo real que enfrentan los innovadores, y las plataformas en línea pueden proporcionar oportunidades para acceder a datos, casos y experiencias más allá de las barreras geográficas.

El Programa de Cadetes de Servicio Civil de Israel combina un intenso estudio en el aula con puestos de trabajo de desarrollo, con el fin de crear y formar un puesto directivo que espera catalizar un cambio en el servicio civil de Israel. Cada año, un grupo es cuidadosamente elegido para participar en un programa de seis años, después de lo cual cada cadete se coloca en una posición clave de liderazgo orientado al cambio en el servicio civil. El programa consta de dos años de capacitación que combina la experiencia académica con la experiencia práctica a través de prácticas y programas de rotación. Los cadetes se colocan en dos posiciones en Ministerios donde trabajan en proyectos de reforma y de innovación, mientras participan en varias oportunidades de networking para compartir experiencias con otros cadetes en otros ministerios y agencias. De esta manera, los cadetes son apoyados para poner su aprendizaje en el aula en acción para crear un cambio real y se les proporcionan oportunidades para seguir aprendiendo y reflexionando sobre sus experiencias laborales.

Sin embargo, para que la innovación se inicie en la administración pública de Chile, el aprendizaje debe extenderse mucho más allá del aula y del programa de entrenamiento. Tiene que suceder en el trabajo, y ser una responsabilidad de gestión central. Las buenas jefaturas extienden lentamente las habilidades de sus servidores públicos hacia nuevas áreas que requieren un nuevo desarrollo del conocimiento y un creciente rango de habilidades, de manera que el trabajo cotidiano se convierta en una oportunidad para desarrollar, practicar y refinar habilidades. Esto sugiere la necesidad de desarrollar una cultura de aprendizaje en el sector público. Racionalizar el aprendizaje en el trabajo significaría rotar al personal a través de una variedad de tareas para desarrollar sus competencias, aprovechando conferencias externas, asociaciones, oportunidades para compartir ideas con otros y usar el proceso de gestión y de evaluación de desempeño como una oportunidad para discutir necesidades de aprendizaje y potencial. Significa dar prioridad al aprendizaje por hacer y dar a los servidores públicos el tiempo y el espacio para reflexionar sobre lo que hacen y lo que necesitan para hacerlo mejor.

El programa Experimenta: aprendizaje de la innovación a través de la experiencia en los servicios públicos chilenos

El programa Experimenta del Laboratorio de Gobierno adopta un enfoque de aprender-haciendo para crear capacidades de innovación. Más específicamente, ayuda a un grupo seleccionado de participantes a abordar desafíos institucionales concretos, fortaleciendo sus habilidades relacionadas con diferentes elementos de la innovación del sector público, tales como la investigación y el diseño centrado en las personas, la co-creación y la colaboración y la integración de enfoques múltiples.

Recuadro 2.4. **De la GIP a Experimenta; aprender-haciendo en la capacitación de para la innovación**

Experimenta es en sí misma el resultado de un enfoque de aprender-haciendo. Es la evolución de un programa anterior, GIP (Gestión de la Innovación en el Sector Público), que se desarrolló entre 2013 y 2016. El objetivo del GIP era promover una cultura de innovación dentro de las instituciones públicas mediante el financiamiento de procesos de un año destinados a generar e implementar soluciones innovadoras que agreguen valor público a servicios públicos específicos.[13]

Si bien el programa contribuyó a crear muchas ideas innovadoras y a crear unidades y equipos de innovación en instituciones participantes, la evaluación del Laboratorio señaló que a menudo la innovación seguía siendo un proceso relativamente aislado. Por ejemplo, en muchos casos las actividades del PIC no estaban alineadas con los objetivos institucionales ni con los ciclos presupuestarios; asimismo, muchas actividades tenían por objeto resolver problemas internos de gestión en lugar de crear valor público para y con los ciudadanos.

Fuente: Información proporcionada por el Laboratorio de Gobierno.

Experimenta fue introducida por el Laboratorio de Gobierno en junio de 2016 y la participación está abierta a todas las instituciones del sector público, incluidas las empresas públicas. Se invita a las instituciones a identificar un reto al que se enfrentan. El desafío debe estar directamente relacionado con los objetivos estratégicos de la organización y afectar a los usuarios del servicio. La institución también debe nombrar un equipo de tres a siete miembros que diseñarán una solución innovadora durante diez meses de talleres y mentoría. El equipo de *Experimenta* reúne al *Laboratorio* y a expertos del sector privado y de la sociedad civil, quienes coordinan y ayudan a implementar cada uno de los cuatro módulos: Descubrimiento del desafío; Generación de Ideas; Prototipado y testeo; Gestión de la innovación pública, y un plan cruzado de Formación de Formadores).[14] El modelo de trabajo se inspira en el diseño centrado en las personas, la co-creación, la colaboración, la integración de múltiples perspectivas y un sesgo positivo en la experimentación.

Recuadro 2.5. **Participantes en la primera ronda de Expermienta**

En la primera versión, se seleccionaron las siguientes instituciones entre los 51 postulantes para abordar importantes desafíos que limitaban sus capacidades para alcanzar sus objetivos estratégicos. A través de un proceso de diez meses de coaching, mentoría y capacitación, equipos de tres a siete servidores públicos aprenden métodos y herramientas para innovar y mejorar los problemas reales que enfrentan en tiempo real.

1. Servicio de Salud Metropolitano Oriente: Abordando el problema de la pérdida de atención médica especializada en los hospitales de la Red Oriente que brindan atención a adultos y adultos mayores.
2. Registro Civil e Identificación: Aumentar la concienciación ciudadana y el uso de los canales de servicio disponibles para reducir innecesariamente las visitas en persona y los tiempos de espera de los servicios que se pueden obtener directamente desde el sitio web.
3. Ministerio del Deporte: Abordar las barreras que enfrentan los beneficiarios para acceder y utilizar las instalaciones deportivas para satisfacer sus demandas de practicar una actividad física y deportiva.
4. Tesorería General de la República: Abordar la insatisfacción del usuario con el servicio, debido a los tiempos de espera.
5. Municipalidad de Providencia: Abordar las dificultades de los adultos mayores, contar con redes de colaboración, acceso a la información y participación con los servicios de apoyo.
6. Municipalidad de Peñalolén: Mejorar las oportunidades de co-diseño del Espacio Público, involucrar a los diferentes grupos de la comunidad y generar procesos de toma de decisiones democráticas y representativas.
7. Corporación Nacional Forestal, CONAF: Rediseño del modelo turístico para apoyar mejor el Sistema Nacional de Áreas Protegidas del Estado (SNASPE), e incrementar la capacidad de conservación del patrimonio natural y cultural de la Nación.
8. SEREMI Vivienda y Urbanismo: Diseñar herramientas para el desarrollo urbano que contemplen adecuadamente todos los efectos sobre las personas y el territorio, conectando con los objetivos de integración social y sostenibilidad.
9. Servicio Médico Legal Bío Bío: Mejorar la consideración de las necesidades emocionales y situacionales del usuario además de los aspectos técnicos que actualmente son el foco principal.
10. Hospital de Talca: Reducción de los tiempos de espera de los usuarios para recibir atención en la Unidad de Urgencias del Hospital. Los tiempos de espera actuales causan deterioro en la salud de los pacientes, estrés familiar y ausencia prolongada de sus actividades diarias.
11. Municipalidad de Hualqui: Mejora de la gestión y acceso a la información preventiva en usuarios de salud urbana y rural en Atención Primaria de Salud.
12. Dirección de Crédito Prendario: Abordar el elevado número de artículos que no son canjeados por los usuarios en los plazos correspondientes para que sean subastados.

Fuente: Información proporcionada por el Laboratorio de Gobierno.

Dado que el programa Experimenta es muy nuevo, todavía no puede identificar algún impacto. Por lo tanto, será importante que el Laboratorio se asegure de que esté recopilando los datos e información correcta sobre el programa para medir su impacto en los participantes y en las instituciones participantes. La recopilación de los indicadores adecuados de impacto de la capacitación desde un comienzo puede ayudar a asegurar que el programa esté en camino de alcanzar sus objetivos y ofrecer oportunidades para la corrección de cursos a lo largo del camino. Teniendo en cuenta la complejidad de medir los resultados del sector público y la innovación del sector público, [15] la evaluación del impacto de Experimenta podría inspirarse en los 4 niveles del actualizado Modelo de Evaluación de Capacitación Kirkpatrick.[16] Esto podría implicar el estudio tanto de los participantes como de sus instituciones (que podrían ser representadas por la alta directiva), con el fin de comparar las perspectivas individuales y organizativas sobre el impacto de Experimenta. Las encuestas podrían realizarse inmediatamente después de finalizar el programa para captar el impacto inmediato de Experimenta en los participantes e instituciones (tales como las habilidades adquiridas, el tiempo dedicado al programa, además, unos meses después del final del programa, a fin de que pudieran acceder hasta qué punto los participantes pudieron aplicar lo aprendido en su trabajo, qué resultados produjo y, en caso de que los participantes abandonaran la institución, si habían podido transferir las habilidades adquiridas a otras instituciones).

Desarrollando innovadores en el servicio público en general: el papel de los Programas de Mejora de la Gestión

Las habilidades para la innovación también pueden desarrollarse dentro de las oportunidades regulares de capacitación de los funcionarios. Al igual que el sistema de reclutamiento para el sector público, el desarrollo de las competencias de los servidores públicos también se determina a nivel institucional. Las instituciones públicas de la Administración Central del Estado están obligadas[17] a desarrollar y aplicar sus propias estrategias de desarrollo del personal, en colaboración con las asociaciones de trabajadores.

En este marco, cada organización dentro de la administración pública central es responsable de identificar las necesidades actuales y futuras de capacitación y producir un plan de aprendizaje organizacional que incluya un programa de capacitación inicial para los funcionarios públicos (excluyendo SADP). Esta relativa autonomía institucional supone que la aprobación de las instituciones públicas a la necesidad de desarrollar habilidades para la innovación pública es un elemento clave para mejorar el perfil de estas habilidades.

En Chile, si bien la inversión en capacitación y desarrollo de personal parece haber aumentado desde 2003, la capacitación directamente relacionada con la innovación del sector público es rara y fragmentada entre las instituciones. Los datos de SISPUBLI, una plataforma en línea utilizada para recopilar datos a nivel central sobre la capacitación en servicios públicos, demuestran que de los 12 000 programas de capacitación organizados en 2014, sólo 59 estaban vinculados a la innovación y estaban principalmente organizados por servicios directos de clientes (lo que sugiere que la relación directa que las instituciones de primera línea tienen con los ciudadanos podría ser un desencadenante de un enfoque 'bottom-up' más innovador). Más capacitación, sin comprobar la calidad, no necesariamente resultará en un servicio público más innovador. Sin embargo, un uso tan bajo de los programas de capacitación para apoyar la innovación sugiere que puede haber oportunidades de identificar programas de capacitación de innovación de alta calidad y reproducirlos más ampliamente en todo el sistema.

En este marco, un importante instrumento para mejorar las organizaciones públicas chilenas para preparar mejores estrategias y planes de desarrollo del personal ha sido el Programa PMG Capacitación (Programa de Mejoramiento de Gestión), gestionado por la DNSC. Los PMG son programas temáticos que apuntan a apoyar una mejor gestión en el sector público mediante la creación de un sistema de incentivos para fortalecer áreas clave transversales en la gestión pública de acuerdo con un estándar establecido. Además de la "Capacitación PMG", que abarca la creación de capacidad, otros PMGs abarcan temas como los sistemas de gestión del rendimiento, el gobierno electrónico, la mejora de los servicios a los usuarios, la contratación pública y el género.

Para cada área clave, los PMG definen dos niveles: el nivel básico incluye el logro de objetivos en cuanto a la implementación de sistemas esenciales para una gestión eficiente y transparente en estas áreas; y el nivel avanzado que tiene como objetivo crear incentivos para que las organizaciones cumplan con la Norma Internacional ISO 9001: 2000 para los sistemas de gestión de la calidad. Las instituciones se comparan con un conjunto de indicadores previamente determinados. Por ejemplo, en el PMG Capacitación 2016, uno de los indicadores es el "porcentaje de actividades de capacitación seguidas de una evaluación de la transferibilidad de nuevas habilidades para el trabajo ocupado por el empleado".

Los PMG tienen la intención de apoyar una mejor gestión en el sector público mediante la creación de un sistema de incentivos para fortalecer las áreas clave transversales en la gestión pública de acuerdo con una norma dada. Los PMG's se traducen en Convenios de Desempeño Colectivo, y siempre que las instituciones que se comprometan con el sistema PMG alcancen por lo menos el 90% de los objetivos, sus servidores públicos reciben una bonificación del 5% de su salario y para las instituciones que logran entre 75-90% de sus objetivos, los servidores públicos reciben una bonificación del 2.5%.

La función principal de la DNSC dentro de PMG Capacitación es apoyar a las instituciones públicas que participan en el programa (126 servicios en 2015[18]) a lo largo del proceso de mejorar los diferentes elementos de la gestión del ciclo de capacitación. Aunque la DNSC no tiene control sobre los temas de capacitación elegidos, brinda apoyo en el análisis de las necesidades de capacitación, planificación, implementación y evaluación del impacto del Plan Anual de Capacitación de la institución. Por su parte, las instituciones públicas involucradas en el PMG se comprometen a participar activamente en el programa, a colaborar con la DNSC en el monitoreo y seguimiento de las actividades, implementar las acciones definidas en el plan de trabajo, sistematizar e informar sobre su experiencia.

En la práctica, la DNSC utiliza su Estrategia de Planificación trienal de capacitación, la estrategia en curso es 2016-2018[19] y una guía práctica[20] (2014) que presenta el proceso de análisis de necesidades de capacitación, planificación, evaluación de la capacitación, con el fin de ayudar a las instituciones a diseñar sus planes anuales de capacitación.

En este contexto, aunque actualmente ninguno de estos documentos hace referencia a la innovación del sector público, pueden ser instrumentos poderosos para comunicar sobre la innovación pública y ayudar a las instituciones a desarrollar las habilidades pertinentes. La inclusión de la innovación en futuras ediciones de estos documentos, podría crear el espacio para que las instituciones hagan un mayor uso de los programas de capacitación para desarrollar habilidades para apoyar mejor la innovación. En particular, teniendo en cuenta los avances en materia de innovación del sector público desde el lanzamiento de estos documentos, su próxima edición podría incluir una sección sobre habilidades para la innovación y herramientas relacionadas para identificar las brechas de habilidades y desarrollar habilidades que podrían inspirarse en el modelo de habilidades de innovación emergente introducido al comienzo de este capítulo. Para aprovechar esta oportunidad para obtener apoyo institucional, la DNSC podría involucrar a personal y miembros del Consejo Estratégico del Laboratorio y profesionales de RR.HH. de instituciones que han estado involucradas en "PMG Capacitación" en la preparación de las futuras ediciones de la Estrategia de Capacitación y Guía Práctica.

Racionalización y estandarización de la capacitación en innovación en toda la administración pública

Pero la innovación también podría estar más enmarcada en la Capacitación PMG, en particular, y en la capacitación en general, si la capacitación para la innovación fuera más completa y accesible en toda la administración pública; esto podría hacerse de tres maneras complementarias. En primer lugar, el Laboratorio de Gobierno o la DNSC podrían compilar una base de datos con información sobre posibles proveedores de capacitación, que podría incluir los temas de capacitación, evaluación e impacto en la institución y los participantes. Eventualmente, SISPUBLI podría utilizarse para extraer y compartir una lista de programas de capacitación que podrían inspirar a las instituciones. La información sobre la calidad y el impacto de la capacitación también apoyaría la estrategia de la DNSC para promover la calidad y el impacto de la capacitación en el sector público.

En segundo lugar, este análisis de las ofertas de capacitación y las necesidades de capacitación, a través de herramientas como la encuesta examinada en el recuadro 2.3, podría utilizarse para desarrollar un módulo de capacitación básica sobre habilidades para la innovación. Este módulo, que podría ser desarrollado por el Laboratorio, podría incluir directrices para los instructores siguiendo el ejemplo de la Guía creada por el Gobierno de Australia e Innovación y Habilidades Australia (2009) y se compartirá de forma gratuita. El equipo encargado de preparar este módulo también podría desarrollar estudios de caso inspirados en innovaciones que ganaron o fueron seleccionados para premios públicos de innovación en Chile o en el extranjero.

Por último, también podría preverse un mejor[21] uso de los Convenios Marco para seleccionar posibles proveedores de capacitación en habilidades relacionadas con la innovación, ya que, por una parte, podría simplificar los procedimientos de las instituciones públicas para organizar programas de capacitación para la innovación pública (especialmente para aquellos menos familiarizados con la capacitación para la innovación) y, por otro lado, podría reforzar la aplicación de un enfoque común de habilidades para la innovación entre las diferentes instituciones públicas.

Asegurar la calidad de capacitación en innovación

Invertir en el desarrollo de habilidades para la innovación, ya sea a través de programas como Experimenta o de manera descentralizada, plantea un desafío para asegurar la calidad de la capacitación y su impacto. La DNSC hizo de la supervisión y de la evaluación de la inversión en capacitación una de sus prioridades. Si bien la calidad de la capacitación centralizada, a través de Experimenta o incluso de los proveedores de capacitación a través de la DNSC les podría resultar más fácil evaluar el Convenio Marco, puede no ser el caso de la capacitación impartida por otros proveedores de capacitación.

A este respecto, podría ser útil desarrollar algún mecanismo para certificar los programas de capacitación proporcionados. Francia, por ejemplo, ha creado una marca "Escuela de Gestión y Recursos Humanos", que consiste en la certificación, por un comité de expertos independientes, de programas de capacitación que son interministeriales o relevantes para varios ministerios.[22]

Otra posibilidad en el área de certificación sería desarrollar un sistema para reconocer formalmente habilidades para la innovación, que podría inspirarse en el *Sistema Nacional de Certificación de Competencias Laborales* y Chile Valora.

Utilizar la movilidad para crear equipos multidisciplinarios y aprovechar al máximo las habilidades de innovación

Otro enfoque para desarrollar y difundir las habilidades relacionadas con la innovación en toda la administración pública, es apoyar la movilidad de los funcionarios públicos, tanto dentro como entre sectores. Dar a los servidores públicos y líderes oportunidades de trabajar fuera de su organización de origen puede ofrecer oportunidades para desarrollar nuevos conocimientos y desarrollar nuevas habilidades al dar al individuo una comprensión más horizontal de las cuestiones de política y permitirles mirar cosas desde fuera de su perspectiva sectorial. La movilidad también puede aumentar el intercambio de ideas y enfoques de resolución de problemas. Los programas de movilidad pueden ser utilizados para colocar a los servidores públicos del sector público en otras organizaciones por un tiempo limitado, beneficiando en última instancia a la organización original cuando el empleado regresa con nuevas ideas y experiencias. También pueden utilizarse para llevar a los servidores públicos a organizaciones del sector público desde otras organizaciones u otros sectores, con competencias y perspectivas desarrolladas en otros lugares.

La movilidad, por lo tanto, puede ayudar a crear equipos multidisciplinarios para impulsar la innovación. La importancia de crear y administrar equipos multidisciplinarios se plantea sistemáticamente en la investigación en curso de la OCDE con innovadores públicos en toda la OCDE, incluido Chile. Los equipos mixtos en términos de habilidades (incluyendo habilidades técnicas y más blandas) y antecedentes son esenciales para el éxito de los proyectos de innovación. Aquí perfiles tales como de científicos de datos, especialistas en TI y de Web, ingenieros de software y habilidades legales se combinan con capacidades igualmente importantes como la capacidad de comunicarse bien y asesorar a los altos funcionarios, conocimientos sobre el funcionamiento de la administración pública (lo que es tanto una habilidad blanda como técnica) y perfiles tales como filósofos y psicólogos. Esto no es sorprendente ya que se ha demostrado que la diversidad en los equipos se correlaciona con la innovación. La diversidad puede conducir a más fricción y conflicto, pero si se gestiona de manera constructiva, puede conducir a resultados más creativos.

Los equipos temporales, los proyectos piloto y las asignaciones a corto plazo constituyen maneras para que los gobiernos experimenten y alineen mejor los recursos y el talento para fomentar el diálogo, la experimentación, la toma de riesgos, la resolución de problemas y la innovación. Los países de la OCDE están reconociendo cada vez más la importante contribución de los equipos multidisciplinarios y autónomos a la innovación en el sector público. Los datos de la encuesta estratégica de GRH de la OCDE muestran que la mayoría de los gobiernos de la OCDE están experimentando con el uso de equipos autónomos y multidisciplinarios como una forma de aprovechar el potencial de innovación de su fuerza de trabajo. La experiencia de la OCDE -lo que ha sido respaldada por las conclusiones de esta revisión- demuestra que los proyectos innovadores a menudo son estimulados por el trabajo realizado en equipos multidisciplinarios y en asociación con ciudadanos y usuarios (ver sección más adelante) La forma en que las personas se organizan en equipos, a veces superando los límites organizativos y sectoriales, es probable que influya en el desarrollo de capacidad innovadora dentro de la fuerza de trabajo.

Mientras que en los países de la OCDE la innovación es el segundo objetivo más común de los programas de movilidad (véase el gráfico 2.5), hasta ahora en Chile no existen programas específicos para fomentar la movilidad (OCDE 2016 SHRM). Actualmente en Chile, la capacidad de movilidad horizontal en el sector público es limitada, lo que dificulta la construcción de equipos que se basen en capacidades en diferentes instituciones públicas. En la actualidad, no existe un marco regulatorio que permita a los funcionarios públicos pasar de una institución a otra, a menos que soliciten un nuevo empleo en otra institución pública. Esto limita las oportunidades de reunir de manera flexible equipos multidisciplinarios de diferentes organizaciones para un proyecto de innovación inmediato que pueda cruzar los límites de dos organizaciones.

Gráfico 2.5. **Objetivos declarados de los programas de movilidad en la administración pública (2016)**

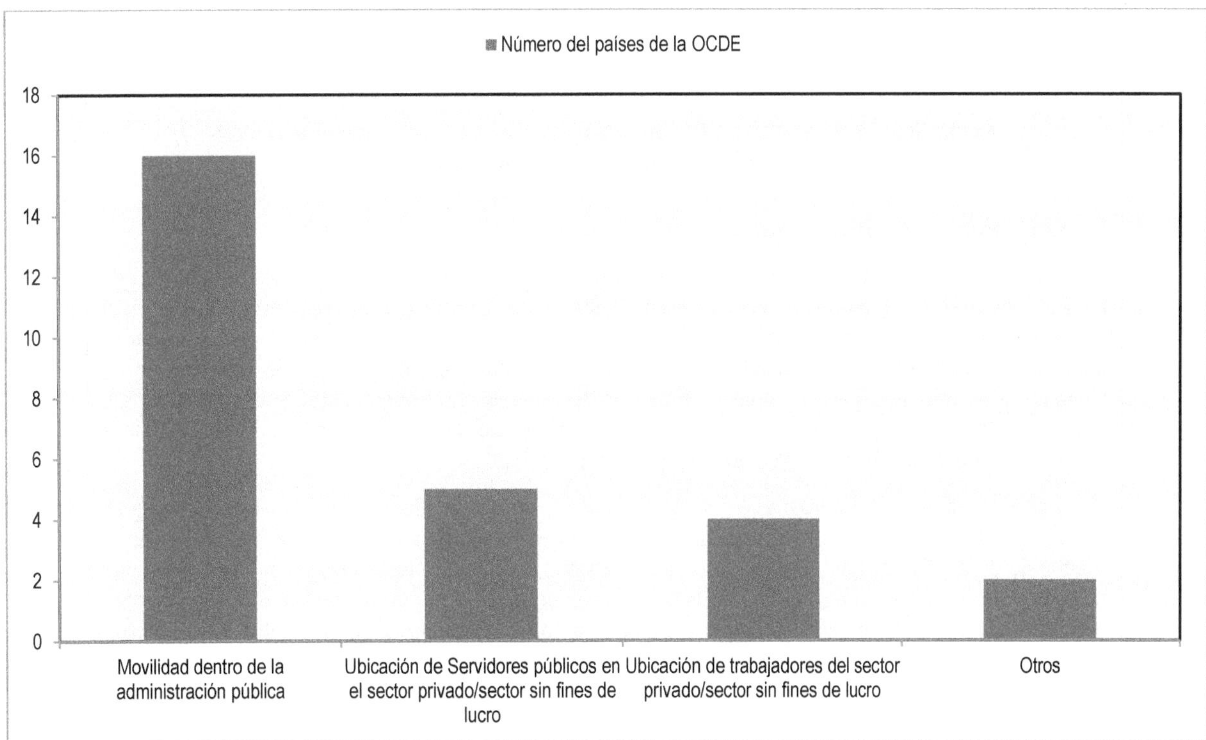

Fuente: Encuesta sobre la Gestión Estratégica de Recursos Humanos en los Gobiernos Central y Federal de los Países de la OCDE (*2016 Survey on Strategic Human Resource Management in Central/Federal Governments of OECD Countries*).

Los periodos de movilidad en diversas organizaciones públicas o en el Laboratorio podrían utilizarse para sensibilizar sobre la innovación y facilitar la comunicación entre diferentes servicios. Otra ventaja de estos programas podría ser apoyar la replicación de innovaciones públicas, si los servidores públicos involucrados en la innovación exitosa pudieran trasladarse temporalmente a una institución pública similar, estar interesados en adaptar el proceso y ayudar al equipo y a la jefatura a lograrlo.

Además, estos períodos temáticos de movilidad se alinearían con la Ley No. 20.955 / 2016 y los planes de la DNSC para aumentar la movilidad dentro de la función pública. La DNSC podría beneficiarse de la experiencia internacional en el ámbito de los programas de movilidad: Dinamarca organiza pasantías intensivas para conocer cómo funcionan otros lugares de trabajo públicos en la realización de sus tareas e identificar las mejores circunstancias para la difusión de la innovación organizando talleres de preparación y seguimiento. Canadá ha creado Interchange Canada, un mecanismo para facilitar la movilidad y el intercambio temporal de habilidades entre el Gobierno y todos los demás sectores de la economía nacional e internacional con el fin de facilitar la transferencia de conocimientos, adquirir conocimientos especializados y / o apoyar el desarrollo profesional. Nueva Zelanda utiliza los nombramientos dentro del grupo de liderazgo superior como una manera de promover el intercambio de ideas, la construcción de nuevas relaciones y ampliar las perspectivas.[23] Estados Unidos ha creado el Programa de Becas Presidenciales de Innovación (PIF; por sus siglas en inglés), que reúne a altos funcionarios y responsables de cambios en los niveles más altos del gobierno federal con innovadores del sector privado para trabajar juntos durante 12 meses en los principales desafíos en salud, eficiencia pública, creación de empleo y en la construcción de una cultura de innovación en el sector público[24] (recuadro 2.6).

Recuadro 2.6 **Desarrollo de las habilidades de innovación a través de la movilidad y las pasantías**

Canadá: Política de Intercambio

Interchange Canada es un mecanismo para facilitar la movilidad y el intercambio temporal de habilidades entre el Gobierno de Canadá y todos los demás sectores de la economía, tanto a nivel nacional como internacional. Las asignaciones tienen el propósito de transferir conocimientos, adquirir conocimientos especializados y / o desarrollo profesional. La Política de Intercambio de Canadá se ha utilizado para facilitar el movimiento entre el gobierno federal y las provincias o territorios, empresas privadas, organizaciones sin fines de lucro, academia y organizaciones indígenas tanto dentro de Canadá como internacionalmente.

Las asignaciones de intercambio pueden utilizarse para desarrollar competencias de liderazgo a través del uso de asignaciones a organizaciones donde la experiencia específica podría salvar la brecha de desarrollo de habilidades. Además, Interchange Canada puede servir como un excelente medio para obtener temporalmente habilidades no disponibles en la organización de origen y para construir y transferir conocimientos para mejorar la capacidad interna, tanto dentro del gobierno como en otros sectores. Además, Interchange Canada apoya directamente varias prioridades gubernamentales tales como el reclutamiento de jóvenes profesionales móviles, la atracción de especialistas de mitad de carrera y el aumento de la interacción con organizaciones no gubernamentales.

Dinamarca: Pasantía nacional de innovación

La primera convocatoria nacional de innovación fue organizada por el Centro Nacional para la Innovación del Sector Público (COI) de Dinamarca en septiembre de 2015 y la segunda se llevó a cabo en septiembre de 2016. Sabiendo que la innovación se difunde mejor a través de la reunión personal, la pasantía nacional de innovación trabaja como una infraestructura para organizar estas reuniones personales. En 2015, cerca de 100 servidores públicos de todos los niveles de gobierno participaron en pasantías de 2-5 días con el objetivo de aprender intensivamente cómo funcionan otros lugares de trabajo públicos para llevar a cabo sus tareas.

Recuadro 2.6. **Desarrollo de las habilidades de innovación a través de la movilidad y las pasantías** (*cont.*)

Aparte de la vinculación, COI ha centrado su atención en crear las mejores circunstancias para la difusión de la innovación mediante la organización de talleres de preparación y seguimiento que aumentan la probabilidad de un comportamiento genuinamente cambiado y de soluciones innovadoras para encontrar nuevos viveros. La pasantía nacional de innovación es evaluada por KORA (Instituto Danés de Investigación de Gobiernos Locales y Regionales), con el objetivo de mejorar la pasantía de 2016. Escalar el concepto es de suma importancia, ya que la demanda de participación en 2016 ya se ha materializado.

Estados Unidos: Becas Presidenciales de Innovación

El programa Becas Presidenciales de Innovación (PIF) trae los principios, valores y prácticas de la economía de la innovación al gobierno a través de los agentes de cambio más efectivos que conocemos: nuestro pueblo. Este programa altamente competitivo empareja tecnólogos talentosos e innovadores con altos funcionarios y cambiadores que trabajan en los niveles más altos del gobierno federal para enfrentar los mayores desafíos de nuestra nación. Estos equipos de expertos gubernamentales y actores del sector privado adoptan un enfoque centrado en el usuario para abordar cuestiones en la intersección de personas, procesos, productos y políticas para lograr un impacto duradero.

Los becarios seleccionados para esta oportunidad única y altamente competitiva, se desempeñan durante 12 meses, durante los cuales colaborarán entre sí y con socios de agencias federales en iniciativas de alto perfil dirigidas a salvar vidas, ahorrar dinero a los contribuyentes, fomentar la creación de empleo y construir la cultura de la iniciativa empresarial y de la innovación dentro del gobierno.

Fuente: Canadá: información proporcionada por el delegado canadiense de la PEM; Dinamarca: www.coi.dk/hovedaktiviteter/innovationspraktik; USA: https://www.whitehouse.gov/innovationfellows

En Chile, sobre la base de los datos de la encuesta y de los ejemplos recogidos en las entrevistas realizadas durante la misión de investigación, se recurre a equipos multidisciplinarios para estimular la innovación e implementar proyectos de innovación. Un ejemplo de ello proviene de la Unidad de Ciudades Inteligentes del Ministerio de Transporte, juntó un equipo multidisciplinar compuesto por ingenieros, filósofos, expertos en informática y arquitectos, para trabajar en colaboración con actores dentro y fuera del Gobierno para rediseñar los servicios y mejorar la movilidad de las ciudades.

Para ampliar estas prácticas hay que considerar dos aspectos. En primer lugar, ¿cómo funcionan la estructura y los canales actuales en el sector público para permitir la construcción de estos equipos multidisciplinarios? En segundo lugar, a nivel organizativo, pero también a nivel de todo el gobierno, sería útil que la reserva de habilidades y talento pudiera ser rastreada dentro y de una organización a otra. Ser capaz de identificar a las personas con los talentos adecuados dentro de una organización sería un primer paso para construir el tipo de equipos multidisciplinarios necesarios para apoyar la innovación. Esto implicaría la necesidad de un inventario de habilidades relacionadas con la innovación.

Según la Guía Práctica de la DNSC, la capacitación es una herramienta clave para la gestión de las personas, pero sólo será útil si sus objetivos están alineados con la estrategia organizacional. Esto tiene dos implicaciones. En primer lugar, significa que mientras que la capacitación es un elemento clave para desarrollar habilidades, no es un fin en sí mismo. En esta perspectiva, las habilidades adquiridas a través de la capacitación deben ponerse en práctica en el lugar de trabajo - e incluso los mejores programas de capacitación pueden ser inútiles si las organizaciones no crean el espacio para poner en práctica las nuevas habilidades.

En segundo lugar, más que la capacitación, las instituciones deben crear nuevas oportunidades de aprendizaje. Como se ha expuesto anteriormente, la movilidad es una de esas oportunidades, y muchas otras se pueden implementar en el sector público. Pueden incluir, por ejemplo, programas como la tutoría, pero también el desarrollo de incentivos y desafíos para motivar a los servidores públicos a innovar, como la creación de premios a la innovación o el apoyo a las redes de innovadores, que se explicarán con más detalle en el próximo capítulo.

Conclusión y recomendaciones

En reclutamiento:

- La construcción de una mano de obra calificada es el primer paso para apoyar la innovación del sector público de manera sostenible. Con respecto al reclutamiento, la DNSC podría incluir el concepto de Innovación en el Sector Público y habilidades de innovación en la preparación del Plan de Asesorías en Reclutamiento y Selección. Para lograr apoyo a nivel institucional, también se podría involucrar a comités de selección y profesionales de recursos humanos en el desarrollo y la puesta en marcha del Plan. La participación de estos profesionales reforzaría su apropiación del Plan y podría conducir a una aplicación más eficaz. El grupo piloto podría formar un grupo de trabajo de múltiples organizaciones para crear conciencia sobre las habilidades para la innovación y explorar la idea de desarrollar un marco de innovación más formal para la contratación, lo que podría implicar instituciones adicionales.
- Otra posibilidad en este ámbito sería que la DNSC continúe desarrollando el concepto de habilidades para la innovación en la Selección Manual de Personas en Servicios Públicos, especificando los diferentes roles que se esperan de los servidores públicos (funcionarios y contrata) y jefaturas intermedias. Se podría proporcionar capacitación a los miembros de los comités de selección para identificar y reclutar mejor las habilidades para la innovación del sector público.
- Reclutamiento de innovadores también implica poder atraerlos. La DNSC podría destacar todas las actividades (premios, capacitación, proyectos) relacionadas con la innovación pública en el sitio web utilizado para promocionar el empleo público, en el programa de pasantías en administración pública administrado por la DNSC y en todas las herramientas de comunicación pertinentes para atraer futuros funcionarios públicos.

Desarrollo de habilidades para la innovación del sector público

- En paralelo con el reclutamiento para la innovación, el desarrollo de habilidades para la innovación en Chile se puede hacer a través de programas de capacitación regulares y programas específicos de innovación. El uso de programas regulares de capacitación para desarrollar habilidades relacionadas con la innovación sigue siendo muy limitado. La DNSC podría utilizar herramientas como Sispubli para recopilar datos adicionales sobre el desarrollo de habilidades para la innovación, por ejemplo sobre los tipos de habilidades que se están desarrollando, los proveedores de capacitación, las metodologías, los participantes o la evaluación de los programas de capacitación. Además de la recopilación y centralización de datos, se podría utilizar un Convenio Marco para seleccionar proveedores de capacitación que contribuyan al desarrollo estratégico de la capacitación para la innovación y para medir el interés en dicha capacitación.

- Además de los programas regulares de capacitación, el Laboratorio ha creado el programa Experimenta para desarrollar habilidades de innovación en un grupo seleccionado de servidores públicos. Este programa tiene un gran potencial para crear conciencia sobre la innovación y desarrollar las habilidades de los funcionarios para la innovación y la capacidad de medir el impacto de Experimenta lo que será un aspecto clave para la sostenibilidad de la innovación del sector público en Chile. El Laboratorio podría comenzar centrándose en el impacto del programa en los participantes y sus instituciones. El Laboratorio podría realizar encuestas para monitorear y medir el impacto de Experimenta, durante y después del programa. Además de los participantes, se podrían encuestar sus gestores (actuales y futuros, incluso en caso de transferencias a otras instituciones) para medir el cambio producido por Experimenta en las instituciones participantes.
- Con respecto a la variedad de métodos de capacitación, programas y proveedores, se podría prever la creación de un programa de certificación de habilidades para la innovación, que podría ser inspirado por Chile Valora. El Laboratorio de Gobierno y la DNSC podrían trabajar juntos para desarrollar dicha certificación.

Notas

1 http://innovation.govspace.gov.au/barriers/#g.

2 http://innovation.govspace.gov.au/barriers/#g.

3 www.whitehouse.gov/sites/default/files/strategy_for_american_innovation_october_2015.pdf.

4 www.fonction-publique.gouv.fr/reunions-bilaterales-de-strategie-de-modernisation-rh

5 www.cpsa.ie/en/About-Us/What-we-do/Setting-Recruitment-Standards/Code-of-Practice-for-Atypical-Appointments-to-Positions-in-the-Civil-Service-and-Certain-Public-Bodies.pdf.

6. Lo que corresponde a una tasa de cobertura del 77% de los funcionarios en 2012.

7 www.serviciocivil.gob.cl/ip_bpl

8 www.empleospublicos.cl.

9 www.bloomberg.org/program/government-innovation/#innovation-teams.

10 www.livingcities.org/work/innovation-teams/about.

11 www.practicasparachile.cl.

12 http://polisci.msu.edu/index.php/undergraduate-program/internship-program/innovategov y https://msumpp.wordpress.com/2016/09/27/innovategov-service-learning-internship-featuring-elizabeth-raczkowski/.

13 Los criterios para la asignación del fondo fueron: idoneidad de la institución experta, aprobación de la investigación preliminar, idoneidad para la exploración de los usuarios, grado de compromiso de la institución pública, propuesta de valor público para la entrega del proyecto, calidad de la propuesta técnica y pertinencia del presupuesto solicitado.

14 Fuente: www.estadoinnovador.cl/#en-que-consiste.

15 Debido a la naturaleza diversa de los servicios, la amplia gama de usuarios, las dificultades en la definición de los objetivos (véase la revisión de la literatura en Kattel et al., 2013).

16 Los cuatro niveles son: 1) Reacción: El grado en que los participantes encuentran la capacitación favorable, atractiva y relevante para sus trabajos; 2) Aprendizaje: El grado en que los participantes adquieren el conocimiento, las habilidades, la actitud, la confianza y el compromiso previstos basados en su participación en la capacitación; 3) Comportamiento: El grado en que los participantes aplican lo que aprendieron durante el entrenamiento cuando regresan al trabajo y 4) Resultados: El grado en el cual se logran resultados específicos como resultado del paquete de capacitación, apoyo y rendición de cuentas. Kirkpatrickpartners.com/OurPhilosophy/TheNewWorldKirkpatrickModel/tabid/303/Default.aspx).

17 Instrucción Presidencial No. 001/2015 sobre Las Buenas Prácticas Laborales en el Desarrollo del Personal en el Estado.

18 www.sispubli.cl/wp-content/uploads/2014/11/Listado-Servicios-PAC-2015.xlsx

19 La estrategia está disponible aquí: www.sispubli.cl/wp-content/uploads/2015/10/documento-estretegia-de-capacitacion-2016-2018.doc.

20 Guía práctica está disponible aquí: www.serviciocivil.gob.cl/sites/default/files/guia_practica_gestionar_capacitacion_servicios_publicos_2014.pdf.

21 Los proveedores actuales de capacitación para la innovación del sector público son universidades, centros de formación técnica, organizaciones de capacitación, algunos servicios públicos y consultores seleccionados a través de Convenio Marco en Chile Compra.

22 www.fonction-publique.gouv.fr/labellisation-des-formations-de-lecole-management-et-des-rh.

23 www.ssc.govt.nz/mobility-senior-leadership-and-management.

24 www.whitehouse.gov/innovationfellows.

Bibliografia

Borins, Sandford (2002), "Leadership and innovation in the public sector ", *en Leadership & Organization Development Journal*, 23/8, pp. 467-476.

Center for Offentlig Innovation, Innovationspraktik, www.coi.dk/hovedaktiviteter/innovationspraktik

DIPRES (2015), Estadísticas de Recursos Humanos del Sector Público 2005-2014, Publicación de la Dirección de Presupuestos del Ministerio de Hacienda, available in www.dipres.gob.cl/572/articles-140439_doc_pdf.pdf.

Dyer, Jeff, Hal Gregerson, Clayton M. Christensen (2011) The Innovator's DNA: Mastering the Five Skills of Disruptive Innovators", *Boston: Harvard Business Review Press*.

Innovation & Business Skills Australia/Australian Government (2009), "Developing innovation skills: A Guide for trainers and assessors to foster the innovation skills of learners through professional practice", disponible en: www.ibsa.org.au/sites/default/files/downloads/CP-INN01.pdf.

Katel et al. (2013), "Can we measure public sector innovation?" *A literature review*, LIPSE Project paper, disponible en: http://lipse.org/userfiles/uploads/kattel%20et%20al%20egpa%20version.pdf.

OCDE (2017, próxima edición), Core skills for public sector innovation: a model of skills to promote and enable innovation in public sector organisations, OECD Publishing, Paris.

OCDE (2017), Fostering Innovation in the Public Sector, OECD Publishing, Paris, http://dx.doi.org/10.1787/9789264270879-en.

OECD (2016), *Engaging Public Employees for a High-Performing Civil Service*, OECD Public Governance Reviews, OECD Publishing, Paris, http://dx.doi.org/10.1787/9789264267190-en

OECD (2015), *The Innovation Imperative in the Public Sector: Setting an Agenda for Action*, OECD Publishing, Paris. http://dx.doi.org/10.1787/9789264236561-en.

OECD (2011), *Skills for Innovation and Research*, OECD Publishing, Paris, http://dx.doi.org/10.1787/9789264097490-en.

OECD (2010), *Innovative Workplaces: Making Better Use of Skills within Organisations*, OECD Publishing, Paris, http://dx.doi.org/10.1787/9789264095687-en.

Presidential Innovation Fellows, https://presidentialinnovationfellows.gov/.

Capítulo 3

Motivar a los servidores públicos Chilenos a innovar

Este capítulo discute las maneras en que los servidores públicos chilenos están motivados para contribuir a la innovación. La motivación puede ser intrínseca o extrínseca y puede ser fomentada o desalentada por las prácticas de gestión, las recompensas y el reconocimiento y por la cultura organizacional. El capítulo sugiere la necesidad de entender la cultura organizacional como una causa y efecto de la innovación del sector público y sugiere oportunidades para medir y comparar elementos de la organización mediante el uso de encuestas a servidores públicos. El uso de premios a la innovación es una herramienta importante que se utiliza en Chile para construir una cultura organizacional más orientada a la innovación. Se hacen sugerencias para hacer un mayor uso de los casos de innovación que se presentan al premio con el fin de compartir ideas e inspirar otras nuevas. Chile también ha tomado medidas para desarrollar una red de innovadores y se dan sugerencias para maximizar el potencial de este grupo.

El fortalecimiento de las habilidades y capacidades orientadas a la innovación de la fuerza de trabajo del sector público de Chile por sí solo no contribuirá a aumentar y mejorar la innovación del sector público sin asegurarse de que la fuerza laboral esté motivada y tenga la oportunidad de hacerlo. De alguna manera, la motivación puede compensar la falta de habilidad, ya que las personas altamente motivadas tendrán más probabilidades de transferir habilidades de otros dominios, o invertir más esfuerzo en adquirir las habilidades necesarias (Amabile, 1997). En este capítulo se analizará cómo las organizaciones públicas pueden motivar a los funcionarios a innovar y apoyar a los funcionarios que ya están motivados.

La motivación es un insumo clave para una amplia gama de resultados de desempeño a nivel personal y organizacional. Al igual que con las habilidades y capacidades, la motivación se puede pensar tanto en términos de individuos, como un elemento de la personalidad, pero también en un sentido organizacional y relacional - la gente puede estar motivada a hacer cosas cuando se inspiran a hacerlo gracias a otros. Por lo tanto, la motivación es un estado variable que puede ser influenciada, y la motivación del trabajo puede ser influenciada por una serie de elementos como el entorno de trabajo, el diseño de la tarea, la cultura organizacional y la relación entre un empleado y su jefe de línea. Incluso si el empleado tiene todas las habilidades necesarias para su desempeño, sólo los utilizarán si es reconocido por la organización. Por lo tanto, las organizaciones deben ofrecer los incentivos adecuados para motivar el mejor comportamiento (Boxall y Purcell, 2011).

Es importante distinguir entre motivación intrínseca y extrínseca. La motivación intrínseca obliga a las personas a actuar por una recompensa que se obtiene del acto en sí, posiblemente porque les trae placer, un sentido de satisfacción personal o orgullo, o porque se ajusta a sus propios estándares (por ejemplo, estándares basados en valores, como el servicio comunitario, compromiso con la familia y equidad ética). La motivación extrínseca obliga a las personas a actuar por una recompensa que está separada del acto mismo. El ejemplo más común es el pago financiero por servicios prestados.

Recuadro 3.1. **La teoría componencial de la creatividad de Amabile**

La Teoría Componencial de la Creatividad, y la investigación que la subyace, sugieren una serie de implicaciones de gestión sobre la motivación de la creatividad en los negocios y el efecto del entorno de trabajo sobre esa motivación.

- Debido a que la motivación humana es tan compleja y tan importante, la gestión exitosa de la creatividad para el próximo siglo debe incluir la educación gerencial sobre los tipos de motivación, sus fuentes, sus efectos sobre el desempeño y su susceptibilidad a las diversas influencias del ambiente de trabajo.
- No podemos aspirar a crear una fuerza de trabajo altamente y adecuadamente creativa simplemente "cargando" los motivadores intrínsecos y extrínsecos en el ambiente de trabajo, sin prestar atención al tipo de motivadores extrínsecos y al contexto en el que se presentan.
- Debido a que un sentido positivo de desafío en el trabajo es uno de los pronosticadores más importantes de la creatividad, es imprescindible equiparar a las personas con el trabajo que utilice sus habilidades, amplíe sus habilidades y sea claramente valorado por la organización. En la medida de lo posible, todo el trabajo debe ser diseñado para maximizar los aspectos intrínsecamente motivadores.

Recuadro 3.1. **La teoría componencial de la creatividad de Amabile** (*cont.*)

- Las organizaciones deben demostrar una fuerte orientación hacia la innovación, que sea claramente comunicada y promulgada, desde los más altos niveles de gestión, en toda la organización.
- Las organizaciones deben orientarse hacia la generación, comunicación, consideración cuidadosa y desarrollo de nuevas ideas. Esto incluye el juicio justo y constructivo de las ideas, la recompensa no controladora y el reconocimiento por el trabajo creativo, los mecanismos para desarrollar nuevas ideas y un flujo activo de ideas. Excluye las batallas de terreno, el conservadurismo y la crítica excesivamente negativa de las nuevas ideas.
- Los grupos de trabajo deben estar constituidos por individuos con una diversidad de habilidades y una motivación intrínseca compartida por su trabajo y una voluntad de compartir y criticar constructivamente las ideas de los demás. Estos grupos deben estar encabezados por supervisores que establecen claramente las metas generales de los proyectos, pero que permitan la autonomía operativa para lograr esos objetivos. La retroalimentación del rendimiento debe ser altamente informativa y centrada en el trabajo.
- Se debe dar a las personas al menos los recursos adecuados para llevar a cabo su trabajo, y al menos el tiempo mínimamente suficiente para considerar enfoques alternativos.

Fuente: Amabile, Teresa M (1997), "Motivating Creativity in Organisations: On Doing what you Love and Loving what you Do", *California Management Review*; Otoño, vol. 40/1.

La investigación concluye a menudo que la motivación intrínseca es más útil para motivar la creatividad y la innovación que la motivación extrínseca. Mientras que algunas personas pueden llegar a un trabajo con un grado más alto de motivación intrínseca que otras, esta motivación puede ser alimentada o sofocada por el entorno organizacional (véase Mumford, 2000). Por ejemplo, algunos (Amabile, 1997; Fernández y Moldogaziev, 2012) sugieren que la motivación extrínseca, especialmente en forma de recompensas por el desempeño a corto plazo, puede resultar en una visión más estrecha de la tarea y puede hacer que los servidores públicos eviten formas innovadoras de hacer cosas.

Según Foss et al (2009), el trabajo puede diseñarse de manera que construya una motivación intrínseca. En primer lugar, el trabajo debe ser percibido como significativo por el empleado y esto se puede hacer al darles la responsabilidad de un proyecto completo en lugar de aportar una pequeña pieza. El nivel de responsabilidad y autonomía que se le da al empleado está relacionado. Cuanto más autonomía, cuanto más responsabilidad personal se le de a las personas para obtener resultados, más motivados estarán para completar el trabajo bien. El tercer elemento es la retroalimentación. La información directa y clara relacionada con el rendimiento recibido a medida que se lleva a cabo la tarea puede motivar. Esto puede ser inherente al trabajo, como podría ser el caso de un maestro que ve a sus estudiantes mejorar, o podría ser externamente a través de su jefatura o comunidad de interesados.

La motivación extrínseca no necesariamente tiene que limitar la motivación intrínseca. Algunas formas de motivación extrínseca han demostrado aumentar la motivación intrínseca y la creatividad; estos son la recompensa y el reconocimiento por las ideas creativas, objetivos bien definidos del proyecto, y la retroalimentación frecuente y constructiva.

En este capítulo se analizará la motivación de los funcionarios chilenos a través de una perspectiva organizativa, comenzando primero con una consideración de la cultura organizacional en la administración pública chilena. A esto le sigue una discusión de herramientas específicas que se utilizan cada vez más para apoyar la motivación de los funcionarios públicos para contribuir a la innovación: los premios a la innovación y las redes de innovación.

Evaluación de la motivación para la innovación del sector público en Chile

Los servidores públicos que participaron en entrevistas y talleres como parte de esta revisión demostraron un alto nivel de motivación para contribuir a la innovación y mejorar los servicios que prestan a los ciudadanos. Está claro que este grupo de servidores públicos están impulsados por un fuerte compromiso personal con el trabajo que realizan, se enorgullecen de los servicios que prestan y están intrínsecamente motivados para mejorar la vida de los ciudadanos chilenos a través de una mejor y más innovadora prestación de servicios. A menudo, sin embargo, esta motivación es amortiguada por un sistema burocrático que se percibe como demasiado rígido y legalista. La mayoría de los innovadores habló de culturas organizacionales que favorecen el cumplimiento de las leyes existentes sobre la resolución creativa de problemas. Los innovadores suelen pintar un cuadro de aislamiento, la frustración con el lento ritmo de aceptación de las ideas y la falta de apoyo de la dirección y de los compañeros.

Cabe señalar, sin embargo, que los servidores públicos con los que se reunieron los equipos estaban asociados de alguna manera con el Laboratorio de Gobierno, que desempeñó un papel clave en la identificación de los participantes. La percepción de estos servidores públicos sobre el nivel de motivación de sus colegas en su organización tiende a ser mixta. Algunos percibieron una gran cantidad de motivación entre sus pares que necesitaban ser apoyados y dirigidos. Hablaron de la sobre suscripción a la capacitación y eventos de innovación, y un entusiasmo para aprender sobre formas alternativas de abordar problemas y nuevas herramientas para ayudarles a alcanzar sus objetivos. Otros percibieron bajos niveles de motivación entre la mayoría de los servidores públicos debido principalmente a la falta de estructuras de incentivos que premian el comportamiento innovador y la impresión de que la mayoría de los servidores públicos estaban sobrecargados de trabajo y tenían poco tiempo para invertir en esfuerzos de innovación.

Muchos entrevistados señalaron que la mayoría de los servidores públicos chilenos no asocian el concepto de innovación con el tipo de trabajo que realizan. Ellos sugirieron que los servidores públicos chilenos todavía asocian la innovación con reformas de TI a gran escala, y no con mejoras orientadas a servicios en las que han estado involucrados. Este punto fue ilustrado con referencia a Funciona! premio a la innovación (discutido más detalladamente a continuación), para el cual pocos postularon a pesar de la existencia de mucha innovación. La creación de una red de coordinadores responsables de la promoción del premio ayudó a que los funcionarios públicos se dieran cuenta de que estaban involucrados en la innovación. Una vez claramente articuladas, las solicitudes para el premio aumentaron significativamente. Otros hablaron de estar sorprendidos por la cantidad de interés en la capacitación en innovación una vez que habían explicado lo que implicaba. Aclarar el concepto y mostrarle a los servidores públicos que la innovación está sucediendo en los servicios públicos puede ser un paso importante para motivar a los servidores públicos a hacer más de ella.

Algunos sugirieron niveles más altos de motivación en los niveles inferiores de la jerarquía, con más resistencia en el nivel de gestión intermedia. Esto también se refleja en la encuesta piloto que se llevó a cabo con el grupo de 20 innovadores discutido en el capítulo anterior (recuadro 2.3). En todas las áreas de habilidades, excepto la alfabetización de datos, este grupo de servidores públicos orientados a la innovación calificó el apoyo de su jefatura para usar sus habilidades como significativamente más bajo que sus propias habilidades. De hecho, generalmente había una brecha muy pequeña entre el apoyo de su jefatura y la preparación de su organización, lo que sugiere que su relación con sus jefaturas de línea impide su motivación para poner sus habilidades en uso. Si bien el tamaño de la muestra del ejercicio piloto no puede prestarse a generalizaciones más amplias, la herramienta podría utilizarse más ampliamente dentro y entre organizaciones públicas particulares para evaluar dónde las jefaturas están proporcionando motivación e identificar así las buenas prácticas que se pueden compartir con otros. La importancia de una buena gestión se aborda más detenidamente en el capítulo 4.

Cultura organizacional: las barreras no escritas para la innovación en Chile

La cultura organizacional se compone de "valores fundamentales, normas conductuales, artefactos y patrones de comportamiento que rigen la forma en que las personas de una organización interactúan entre sí e invierten su energía en sus puestos de trabajo y en la organización en general" (Gee y Miles, 2008). La cultura organizacional puede considerarse como las reglas y valores tácitos que existen en las cabezas y los corazones de los servidores públicos y jefaturas que conforman la organización. La cultura no es algo escrito en la reglamentación, la política o los manuales de los servidores públicos, y como tal es difícil de identificar y difícil de cambiar, pero sin embargo muy importante.

Una cultura organizacional orientada a la innovación significaría que los servidores públicos se consideran innovadores potenciales y esperan que el tiempo y el esfuerzo que dedican a actividades orientadas a la innovación sean valorados y recompensados. En tal organización los servidores públicos serían capaces de señalar las innovaciones que su organización ha contribuido a, y ver el avance de carrera de aquellos que lideran las innovaciones. Además, los servidores públicos esperan que se les dé espacio para presentar ideas nuevas y que estas ideas sean tomadas en serio, incluso si no dan lugar a la innovación.

En Chile, la percepción general es que la cultura organizacional no apoya generalmente la innovación en el sector público. Los participantes, en entrevistas y talleres, señalaron la baja aceptación del riesgo, bajos niveles de colaboración y confianza y el miedo a cometer errores como elementos culturales que actúan como barreras y desmotivan a los funcionarios que quieren innovar. Éstos se ven reforzados por elementos organizativos, como las restricciones presupuestarias y el complejo entorno legal y regulatorio en el que trabajan la mayoría de los servidores públicos. Esto puede prevenir comportamientos innovadores y desalentar a las personas con altos niveles de capacidad innovadora y motivación intrínseca de unirse o permanecer en la función pública.

Desarrollar una visión y una narrativa común sobre la innovación del sector público y las expectativas asociadas sobre el comportamiento de los funcionarios públicos puede contribuir a crear una cultura organizativa de apoyo. En Australia, por ejemplo, el desarrollo de una conciencia de innovación dentro del sector público es una de las áreas clave destacadas en el kit de herramientas para la Innovación del Sector Público. Su Plan de Acción de Innovación "proporciona un marco para integrar una comprensión común de lo que significa la innovación y por qué es importante en el contexto del sector público". La conectividad, el acceso a la información y la comunicación se identifican como los principales pilares que pueden apoyar la conciencia innovadora.

Es cada vez más posible medir y comparar las percepciones de los servidores públicos sobre su organización y su cultura a través de encuestas a los servidores públicos. Por ejemplo, los EE.UU. y el Reino Unido llevan a cabo encuestas a los servidores públicos de todo el sector público, que dan a cada empleado de cada organización bajo el gobierno central la oportunidad de expresar sus puntos de vista. Utilizan estas encuestas para desarrollar índices alrededor de temas de compromiso de los servidores públicos, motivación, percepciones de dirección y liderazgo, e incluso puntos de vista sobre la innovación. Los resultados se calculan para la función pública en su conjunto, para cada organización, y dentro de las unidades organizativas, para permitir la evaluación y el análisis comparativo. Esto puede ser muy útil para identificar organizaciones y unidades que funcionan bien y aquellas que funcionan menos bien y generar aprendizaje inter-organizacional (OCDE, 2016).

En lo que respecta a la cultura orientada a la innovación, las encuestas a los servidores públicos pueden proporcionar datos y conocimientos sobre la forma en que los servidores públicos están motivados para contribuir a la innovación y donde hay oportunidades. En Irlanda, por ejemplo, se le pide a los servidores públicos que estén de acuerdo o en desacuerdo con las declaraciones relacionadas con la aceptación de nuevas ideas en su organización, la flexibilidad de su departamento para adaptarse al cambio y la motivación del empleado para contribuir a las mejoras. En los Estados Unidos, tres preguntas se combinan en un índice de innovación que incluye la motivación de los servidores públicos para buscar mejores maneras de hacer las cosas y si esa motivación es estimulada y recompensada por su organización. El Reino Unido también tiene una serie de preguntas que exploran el apoyo que los servidores públicos sienten de contribuir a la innovación y para desafiar la forma en que se hacen las cosas. Juntar estas preguntas para crear un índice y punto de referencia en la organización e incluso en los equipos puede ayudar a mostrar qué organizaciones están teniendo éxito en el desarrollo de una cultura orientada a la innovación y cuáles todavía tienen un camino por recorrer.

De acuerdo con los datos recabados por la DNSC (Barómetro de Gestión de Personas, 2013), el 45% de las organizaciones de la Administración Pública Central realizaron encuestas para medir el clima laboral entre 2007 y 2013, aunque no está claro si se realizan con regularidad. Los datos actualizados en esta área proporcionarán a la DNSC información sobre cuántas y qué instituciones llevan a cabo este tipo de mediciones regulares. Este podría ser un primer paso hacia el desarrollo de una encuesta única para todo el conjunto de servidores públicos.

Si varias instituciones realizan encuestas a los servidores públicos regularmente, la DNSC podría analizar el contenido de las encuestas para ver qué se mide y cómo y analizar en qué medida los datos y la metodología entre instituciones son comparables. Sobre la base de este análisis inicial, la DNSC podría crear una encuesta que se llevaría a cabo o quedaría incorporado en las encuestas existentes. Esto podría incluir preguntas relacionadas con la innovación del sector público y una cultura orientada a la innovación (véase el recuadro 3.2 a continuación para ejemplos de preguntas relacionadas con la innovación de las encuestas en los EE.UU., Reino Unido e Irlanda).

Los resultados de estas preguntas podrían utilizarse para respaldar una gestión más orientada a la innovación, establecer comparaciones entre las organizaciones y rastrear la eficacia de diversas intervenciones. Por ejemplo, podría ayudar a identificar áreas donde los servidores públicos perciben una cultura más orientada a la innovación. Una investigación más profunda de estas áreas, por ejemplo, a través de análisis de casos de estudio, podría generar ideas y lecciones para otras áreas. El seguimiento de los resultados a lo largo del tiempo también podría proporcionar una indicación de si las medidas para abordar la innovación son eficaces.

A más largo plazo, los datos de las encuestas de los servidores públicos podrían analizarse junto con información sobre la eficacia de las políticas de contratación, capacitación y liderazgo para detectar el impacto y la eficacia. Recoger las percepciones de los servidores públicos sobre la eficacia de la innovación del sector público, los sistemas de recursos humanos y la concordancia de habilidades son también elementos importantes para alinear las habilidades de la fuerza de trabajo existente con los objetivos organizacionales a largo plazo.

Recuadro 3.2. **Medición de una cultura organizativa innovadora**

Encuesta de Compromiso de los Servidores públicos de la Administración Pública de Irlanda:

La Encuesta de Compromiso de los Servidores públicos es una acción importante en el Plan de Renovación del Servicio Civil, un plan enfocado a aprovechar las fortalezas del Servicio Civil y el seguimiento de lo que se necesita mejorar para el futuro. La encuesta incluyó una sección para medir el clima innovador que analizó las siguientes preguntas relacionadas con la innovación:

- Nuevas ideas son fácilmente aceptadas aquí
- El Departamento se apresura a responder cuando es necesario realizar cambios
- La gerencia aquí es rápida para detectar la necesidad de hacer las cosas de manera diferente
- El Departamento es muy flexible: puede cambiar rápidamente los procedimientos para cumplir con las nuevas condiciones y resolver los problemas a medida que surjan
- Las personas del Departamento están siempre buscando nuevas maneras de ver los problemas

Los resultados de la encuesta, realizada por primera vez en 2015, mostraron que, en promedio, sólo el 45% de los servidores públicos estaban de acuerdo con las declaraciones anteriores. Este resultado demuestra que Irlanda tiene algo por hacer para abordar este problema y constituye un útil punto de referencia para medir el impacto de las reformas en este ámbito. El resultado de la encuesta completa se puede acceder aquí: http://www.per.gov.ie/en/civil-service-employee-engagement-survey/.

Reino Unido: Encuesta de Personal de la Administración Pública

Desde 2009, el Reino Unido lleva realizando una Encuesta de Personal de la Administración Pública (CSPS), que examina las actitudes de los funcionarios públicos y la experiencia de trabajar en los departamentos gubernamentales.

Recuadro 3.2. **Medición de una cultura organizativa innovadora** (*cont.*)

La Séptima Encuesta Anual de Personal de la Administración Pública (2015) se llevó a cabo en 96 organizaciones de la Administración Pública, incluyendo departamentos gubernamentales, agencias ejecutivas y organismos públicos no estatales de la Corona. Las preguntas que más se relacionan con la innovación son las siguientes:

- Mi jefatura está abierta a mis ideas
- Las personas de mi equipo trabajan juntas para encontrar maneras de mejorar el servicio que ofrecemos
- A las personas de mi equipo se les anima a encontrar nuevas y mejores maneras de hacer las cosas
- Creo que es seguro desafiar la forma en que se hacen las cosas en [mi organización]
- Creo que sería apoyado si intento una idea nueva, aunque no funcione

EE.UU.: Los mejores lugares para trabajar en el Gobierno Federal

La encuesta "Mejores Lugares para Trabajar en el Gobierno Federal" tiene como objetivo medir la satisfacción y el compromiso de los servidores públicos; los resultados proporcionaron a las jefaturas y líderes una manera de medir y mejorar la satisfacción y el compromiso de los servidores públicos y son una herramienta importante para asegurar que la satisfacción de los servidores públicos sea una prioridad. Proporcionan un mecanismo para responsabilizar a los líderes de las agencias por la salud de sus organizaciones; servir como una señal de alerta temprana para las agencias en problemas; y ofrecer una hoja de ruta para la mejora.

La encuesta incluye tres preguntas relacionadas con la innovación:

- Me siento alentado a encontrar nuevas y mejores maneras de hacer las cosas
- Estoy constantemente buscando maneras de hacer mi trabajo mejor
- La creatividad y la innovación son recompensadas

Fuente: Irlanda: www.per.gov.ie/en/civil-service-employee-engagement-survey/; Reino Unido: www.gov.uk/government/uploads/system/uploads/attachment_data/file/477335/csps2015_benchmark_report.pdf y www.gov.uk/government/publications/civil-service-people-survey-2015-results; EE.UU.: http://bestplacestowork.org/BPTW/rankings/categories/large/innovation.

La medición por sí sola rara vez es suficiente para producir cambios y la determinación de cambiar la cultura organizacional no es una misión fácil. Esto se debe en parte a que la cultura puede ser tratada como una consecuencia y como una causa. Cambiar la cultura entonces requiere verla como una consecuencia de la alineación clara y consistente de valores, procesos y comportamientos. Esto requiere tiempo, esfuerzo sostenido y compromiso claro de la alta y media gerencia. Con esto en mente, los resultados de la encuesta pueden ser una herramienta útil para apoyar el cambio cultural cuando están incrustados en un proceso de seguimiento estructurado.

En los Estados Unidos, donde se realiza una encuesta anual, se pidió a cada organismo que designara a un funcionario superior responsable de mejorar los resultados de las encuestas. Estos funcionarios trabajan con la Oficina de Gestión de Personal para entender los resultados de su agencia. Las agencias reciben desgloses detallados con el fin de identificar las áreas específicas que podrían tener un desempeño inferior. Esto permite una intervención específica. La OGP también hace un esfuerzo para destacar a las organizaciones con las puntuaciones más altas de la encuesta de opinión de los servidores públicos federales (FEVS) y aquellos con las mayores mejoras a lo largo del año.[25] En 2016, el mayor incremento en los puntajes fue alcanzado por el Departamento de Energía de los Estados Unidos, que adoptó un enfoque multifacético para abordar directamente sus resultados (recuadro 3.3). Este ejemplo muestra cómo se puede utilizar la medición a través de encuestas de servidores públicos para inspirar mejoras organizativas más amplias. En el caso del Departamento de Energía, el objetivo era mejorar el compromiso de los servidores públicos (un antecedente de innovación del sector público, véase OCDE 2016) y el mismo enfoque podría aplicarse específicamente a la innovación.

Recuadro 3.3. **Fortalecimiento de la cultura organizacional en el Departamento de Energía de los Estados Unidos**

Las puntuaciones del Departamento de Energía de Estados Unidos (DOE, por sus siglas en inglés) en la Encuesta de Puntos de Vista de Servidores públicos Federales (FEVS) disminuyeron significativamente de 2011 a 2014. En diciembre de 2014, la Administración publicó un memorándum que proporcionaba orientación e información que orientaba a las agencias a fortalecer el compromiso de los servidores públicos y el desempeño organizacional.[26] El DOE tomó este desafío usando un acercamiento de varias maneras para fortalecer el compromiso de los servidores públicos.

Estrategias y medidas adoptadas para hacer frente a resultados bajos en compromiso:

1. Los líderes establecen objetivos claros y revisan el progreso: El Secretario y los altos directivos del DOE comunicaron visiblemente su compromiso, expectativas y metas para fortalecer el compromiso de los servidores públicos. Por ejemplo, los líderes mantuvieron reuniones con todo el equipo a nivel de programa con los servidores públicos dentro de 60 días del Ayuntamiento del Secretario. Los líderes demostraron compromiso con los objetivos de compromiso de los servidores públicos al interactuar con los servidores públicos de varias maneras. La información obtenida se incorporó en los planes de acción de la agencia y del programa. Este fue un cambio respecto al anterior enfoque que era de arriba hacia abajo lo que condujo a resultados positivos. Además, la Oficina del Oficial Principal de Capital Humano (CHCO) se reunió con los directores de los programas para discutir los éxitos y desafíos en el compromiso de los servidores públicos, e informó periódicamente al Secretario y al Secretario Adjunto.
2. Los miembros y jefaturas del Servicio Ejecutivo Senior (SES) son apoyados y responsables de la mejora: El DOE nombró a los Funcionarios Superiores Responsables (SAO) para implementar los requisitos de la Administración. En 2016, todos los planes de desempeño del SES incluyeron un elemento mensurable, junto con capacitación y consultas, relacionados con la planificación de la acción y / o resultados para mejorar la participación de los servidores públicos.
3. Se difunden y organizan los datos del FEVS para su acción: El DOE creó un primer Informe de Gestión de la Organización (OMR) y una herramienta de análisis para apoyar la interpretación de datos y la planificación de acciones. En 2016, los resultados del FEVS fueron difundidos a 520 unidades de trabajo en 7 niveles organizacionales en todo el Departamento, y en apoyo de la transparencia, todos los informes se pondrán a disposición de los servidores públicos.

Recuadro 3.3. **Fortalecimiento de la cultura organizacional en el Departamento de Energía de los Estados Unidos** (*cont.*)

4. Aumento de la adopción de prácticas basadas en los servidores públicos y en la evidencia: La CHCO dirigió y gestionó colaboraciones con el Foro de Gestión Laboral del DOE y las oficinas del DOE para compartir prácticas exitosas y desafíos de compromiso común e implementar recomendaciones dirigidas por los servidores públicos. Además, se lanzaron Redes de Mejoramiento del Lugar de Trabajo (WIN) en la Sede y en las Oficinas de Terreno para ampliar la práctica de la mejora del lugar de trabajo dirigida por los servidores públicos a nivel local en todo el Departamento.

Impacto medible:

En 2016, el DOE dirigió a todas las "Grandes Agencias" (10 000 a 74 999 servidores públicos federales) a aumentar el compromiso global y los tres subfactores de compromiso, así como aumentar la inclusión general y los cinco hábitos de inclusión. Además, las Redes de Mejoramiento en el Lugar de Trabajo del DOE han producido mejoras visibles en las instalaciones y los programas a través del Departamento.

Fuente: OECD (2016), *Engaging Public Employees for a High-Performing Civil Service*, OECD Publishing, Paris, http://dx.doi.org/10.1787/9789264267190-en.

El Departamento de Asuntos Internos (DIA) de Nueva Zelandia emplea a más de 2 000 personas en 49 lugares y cumple una de las carteras más amplias del gobierno con 6 ministros y supervisa alrededor de 100 leyes. En 2012, el índice de participación de los servidores públicos, indicador clave de una cultura organizacional exitosa, fue uno de los más bajos del sector público del país (el 9.3% de las personas estaban comprometidas, el 56.6% eran ambivalentes y el 34.1% estaban desvinculadas). La llegada de un nuevo jefe ejecutivo apoyó un programa de cambio que incluyó actividades para el personal en torno a un tema común que reunió a la diversa gama de personas del DIA. El cambio en la cultura del DIA llevó a un aumento en un 155% de las personas comprometidas de 2012 a 2015, y ahora está por encima del índice de referencia del sector público de Nueva Zelanda en los factores clave de la participación, incluida la confianza en el liderazgo.[27]

La agencia alemana de empleo (Bundesagentur fur Arbeit - BA) también lleva a cabo una encuesta detallada de los servidores públicos que proporciona desgloses para los 98 000 servidores públicos en todo el país. Después de llevarse a cabo la encuesta, los resultados se comparten de forma transparente a través de una "cabina de información de liderazgo" proporcionada por la unidad de control. BA, a continuación, lleva a cabo un proceso de seguimiento estructurado que incluye talleres para las jefaturas para entender los resultados, y apoyo para desarrollar una estrategia de seguimiento. Los talleres y el apoyo tienden a centrarse en: procesos locales basados en el diálogo para reunir a los servidores públicos locales con los altos líderes para discutir resultados y preocupaciones; oportunidades para que los servidores públicos contribuyan a la mejora continua; y discusiones sobre el bienestar y la gestión de la salud. Además, BA fomenta el intercambio de buenas prácticas de participación a través de reuniones regulares de la red y una "base de datos de acción" planificada con ejemplos de mejores prácticas.

El desarrollo de una cultura organizativa orientada a la innovación también podría estar respaldada por un fuerte símbolo, como la creación de una "Carta para la innovación". Esta Carta podría inspirarse en otras cartas del sector público, por ejemplo, la Iniciativa de la Carta del Cliente de Irlanda de 2002[28], que apoya a las organizaciones a comprometerse con sus clientes para diseñar mejor sus servicios y volverse más flexibles y responder a las necesidades de los usuarios de dichos servicios.

Premios y desafíos para reconocer la innovación

Los desafíos de la innovación y los premios para celebrar el éxito de la innovación pueden reforzar una cultura organizacional orientada a la innovación y pueden ayudar a difundir las innovaciones permitiendo a los grupos aprender de la experiencia de cada uno (OCDE, 2015b). Los desafíos y los premios también pueden ser una fuente de reconocimiento para los innovadores que pueden ayudar a motivar. Por último, los premios pueden ayudar a crear conciencia sobre la innovación del sector público en todo el sector público y la sociedad. Esta sección examinará primero los premios que reconocen las innovaciones exitosas en el sector público *(ex post)* y, en segundo lugar, los desafíos que se utilizan para encontrar soluciones innovadoras a los problemas (*ex ante*).

Premios

Los países de la OCDE utilizan una amplia gama de premios para reconocer la innovación exitosa del sector público en diferentes ámbitos de la administración pública: en Suecia, por ejemplo, el premio reconoce a una agencia gubernamental por su servicio eficiente, desarrollo ambientalmente consciente. En los Estados Unidos, el Programa de Premios Presidenciales reconoce a un selecto grupo de miembros de la carrera del Servicio Ejecutivo Senior (SES) por su rendimiento excepcional. En Noruega, el premio a la innovación tiene como objetivo compartir el conocimiento y la inspiración sobre la innovación dentro del Sector Público local. En Eslovenia se otorga el premio a la solución de gobierno electrónico más innovadora (véase el recuadro 3.4 a continuación para obtener más ejemplos).

Recuadro 3.4. **Concursos y premios de innovación en el sector público**

Australia: Premios a la Innovación del Sector Público

Los Premios a la Innovación del Sector Público tienen por objeto reconocer, celebrar y compartir enfoques innovadores de la administración pública y fomentar una cultura que apoye y celebre a las personas y agencias en todo el Servicio Público Australiano. Las innovaciones pueden involucrar a una o varias organizaciones, independientemente de su tamaño o nivel. Los premios reconocen iniciativas en cuatro áreas: crear soluciones mejoradas a un problema existente; reconocer nuevos métodos o nuevas tecnologías; fortalecer la cultura y la capacidad de innovación; y proporcionar mejores servicios y facilitar las interacciones con los ciudadanos.

Bélgica: Misión Posible

El SPF Personnel et Organisation de Bélgica (SPF P & O) promovió el premio a la innovación, "Innovación, vehículo para una mayor eficiencia" en el marco del seminario para jefaturas, "Mejor, con menos, juntos, de manera diferente: misión posible" (2011). El premio reconoce ideas, iniciativas o proyectos relacionados con la identificación de nuevos métodos que permitan a la administración federal trabajar de manera más eficiente y sustentable. Tanto individuos como equipos de la Administración Federal pueden participar. Las innovaciones deben centrarse en uno de los siguientes temas: Eficiencia de los servicios, optimización, innovación abierta, cultura y compromiso La selección de la innovación ganadora fue realizada por los directivos presentes en el seminario “Misión Posible”.

Recuadro 3.4. **Concursos y premios de innovación en el sector público** (*cont.*)

Polonia: "Profesionales al servicio de los ciudadanos"

En 2013/14 y 2014/15 el Jefe de la Función Pública organizó dos ediciones del concurso titulado "Profesionales al servicio de los ciudadanos". Su objetivo principal era promover soluciones modernas en la gestión de servicios al cliente aplicadas en la administración pública. Se esperaba que la competencia también:

- alentara a las oficinas a aumentar las normas de servicio al cliente,
- mejorara la imagen de la administración pública,
- construyera confianza en la administración.

Todas las instituciones de la administración pública, aplicando las normas obligatorias de gestión de recursos humanos fijadas por el Jefe de la Función Pública, pudieron participar en el concurso enviando su descripción de buenas prácticas. Las prácticas fueron evaluadas por el Comité de la Competencia sobre la base de los siguientes criterios:

- creatividad (grado de singularidad y novedad),
- eficacia (en el ámbito de la calidad y el alcance del servicio al cliente),
- replicabilidad y universalidad (posibilidad de aplicar una solución dada en otras oficinas).

En dos ediciones, se presentaron casi 120 buenas prácticas. Los mejores fueron ampliamente promovidos durante la Ceremonia de Premiación y luego con el uso de varios canales de comunicación.

España: Premios a la Innovación en Gestión Pública

Los premios a la Innovación en Gestión Pública reconocen organizaciones públicas que han sido distinguidas en prácticas de innovación. Hay dos categorías:

- Premio de Ciudadanía, destinado a prácticas innovadoras en productos o prestación de servicios, con efecto sobre los ciudadanos o usuarios.
- Premio Innovación en la gestión. Este premio está dirigido a iniciativas orientadas a mejorar la organización o los procedimientos de gestión en las organizaciones públicas. Esas iniciativas no tienen que afectar directamente a los ciudadanos ni a los usuarios, sino que los beneficiarán como resultado.

La calidad y la innovación en los premios de gestión pública tienen por objeto otorgar a las organizaciones públicas distinguidas por su excelencia en el rendimiento global, la innovación en el conocimiento y la gestión de la información, así como las tecnologías y la calidad y el impacto de las iniciativas de mejora singular impartidas.

Hay una convocatoria anual para el Premio a la Excelencia en la Gestión Pública y una convocatoria bienal para los premios a la innovación de la Gestión Pública (ambos tipos). Fuente: Dirección General de la Función Pública de España (Susana Mayo).

Fuente: Australia: www.act.ipaa.org.au/innovation-awards; Bélgica: www.fedweb.belgium.be/sites/default/files/downloads/20110905_reglement_concours_innovation.pdf; Polonia: OCDE (próximamente); España: Dirección General de la Función Pública.

En Chile, el primer premio a la innovación en el sector público data de 1999 (antes de la creación de la DNSC) y fue gestionado por Segpres. Incluso antes de la creación del

Laboratorio de Gobierno, la DNSC fue responsable de uno de los principales proyectos de innovación en la función pública: el concurso Funciona! (Tabla 3.1).

Tabla 3.1. Premios seleccionados que reconocen la innovación en Chile

Nombre del Premio	Fechas	Administrado por	Finalidad
Concurso Funciona![1]	Desde el 2013 (en curso)	Dirección Nacional del SC	Reconocimiento de habilidades analíticas, creatividad, innovación y mejoras de gestión desarrolladas e implementadas por funcionarios públicos.
Concurso Chile Gestiona[2]	2013	Ministerio de Hacienda	Reconocer la capacidad de innovación, creatividad y mejor gestión de los procesos desarrollados en los servicios públicos.

Notas: 1. Ex Desafío Chile Gestiona en 2012 y Desafío Innovación en 2013 y 2014. 2. Ex Premio a la innovación en los servicios públicos (2012).

Fuente : Laboratorio de Gobierno.

Funciona! Reconoce a los equipos de funcionarios que han creado iniciativas innovadoras en sus instituciones, con un efecto sobre la eficiencia interna y / o en la calidad de los servicios prestados a los ciudadanos. Los tres equipos ganadores realizan una pasantía internacional con el objetivo de darles una experiencia innovadora en sus áreas profesionales. Con el fin de sensibilizar sobre este concurso, la DNSC ha creado la función de coordinadores institucionales de Funciona!, cuyas tareas principales consisten en fomentar la participación de funcionarios, desarrollar procesos internos para seleccionar iniciativas y revisar las solicitudes de cumplimiento de los requisitos. El aumento del número de coordinadores (99 en 2014, 129 en 2015 y 150 en 2016) y en el número de solicitudes a Funciona! sugiere un aumento en el interés y la motivación para trabajar hacia una mayor innovación del sector público y un impacto potencialmente positivo de la competencia en la ISP.

Las postulaciones a Funciona! se evalúan según cinco criterios: innovación (30%), resultados (30%), replicabilidad (20%), participación de los usuarios (10%), género (5%) y aspectos formales (5%). Los criterios de replicabilidad son particularmente importantes para contribuir a la innovación sostenible del sector público. Un premio debe ser más que el reconocimiento de la realización de un proceso; debería fomentar las innovaciones y los innovadores en el futuro mediante la sensibilización sobre innovación pública, el fortalecimiento de la capacidad y la replicabilidad en otras instituciones. Por ejemplo, los datos del Barómetro de la Innovación de Dinamarca, que encuestó 1.255 instituciones públicas en Dinamarca, sugieren que hasta el 60%[29] de las innovaciones públicas en Dinamarca se inspiran en las soluciones de otras personas y el 13% se copian de otras. Premios como Funciona! son herramientas ideales para apoyar este tipo de replicación. Sin embargo, los datos sugieren que en la mayoría de los casos los premios públicos a la innovación no se aprovechan plenamente de su potencial. El uso más común de las innovaciones premiadas es dar crédito a los innovadores compartiendo las innovaciones públicamente y la replicación de las innovaciones es sorprendentemente muy baja (véase la gráfico 3.1).

Gráfico 3.1. **¿Cómo se utilizan las innovaciones galardonadas en los países de la OCDE? (2016)**

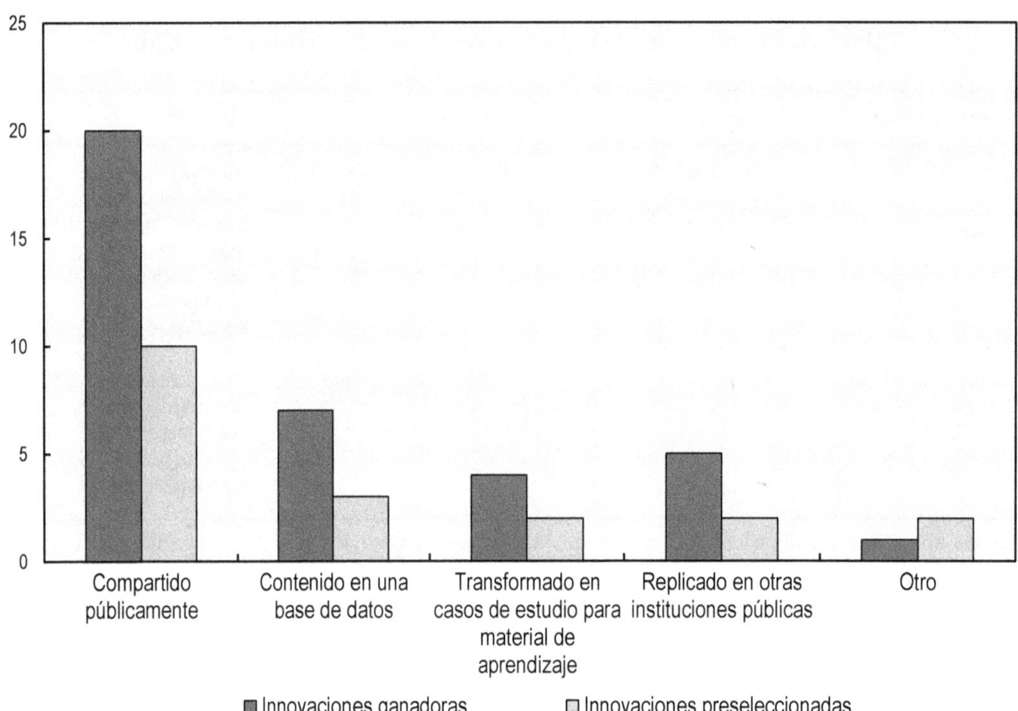

Fuente: Encuesta sobre la Gestión Estratégica de Recursos Humanos en los Gobiernos Central y Federal de los Países de la OCDE (*2016 Survey on Strategic Human Resource Management in Central/Federal Governments of OECD Countries*).

Una de las razones que podrían explicar el bajo nivel de replicación de las innovaciones podría ser la asimetría de competencias entre diferentes instituciones públicas, y los planes de movilidad sugeridos en el capítulo 1 podrían ayudar a cubrir algunas de las carencias de habilidades y experiencia. Pero otra razón también podría estar relacionada con la baja comunicación entre instituciones, o diferentes niveles de comprensión de la innovación del sector público.

Para aprovechar al máximo el impacto potencial de Funciona!, éste debería existir dentro de un ecosistema de innovación más amplio como una herramienta para recompensar, inspirar y replicar. El ejemplo de Sudáfrica que aparece en el recuadro 3.5 es un buen ejemplo, ya que el premio no es algo que señale el fin de la innovación, sino que es un facilitador estratégico para ampliar el impacto de esa innovación. Utiliza a los ganadores y a las innovaciones preseleccionadas para la enseñanza y la inspiración, pero también para la replicación. En Chile, la replicación de innovaciones podría ser aún más incentivada a través de la implementación de incentivos que podrían ser integrados en futuras ediciones de concursos de innovación como Funciona! Por ejemplo, aunque el premio de Funciona! es ciertamente motivador, desde la perspectiva de la sostenibilidad de la innovación pública, se podría prestar mayor atención al seguimiento del viaje de estudio. Esto podría incluir un análisis de la replicabilidad de prácticas internacionales, la presentación de los hallazgos a otras administraciones chilenas o la elaboración de un estudio de caso para ser usado en capacitaciones.

Recuadro 3.5. **Premios de la innovación en el sector público de Sudáfrica: Un enfoque en la replicación**

En Sudáfrica, los Premios Anuales a la Innovación del Sector Público han tenido lugar cada año desde 2003, asegurando que los innovadores del sector público sean identificados, reconocidos y recompensados apropiadamente. El programa es dirigido por el CPSI, un componente gubernamental que depende del Ministro de Administración y Servicio Público. El mandato de la CPSI es afianzar la cultura y la práctica de la innovación en el Sector Público de Sudáfrica.

El programa de premios se integra dentro de una iniciativa más amplia para crear y mantener un entorno propicio para la innovación en el sector público. La razón de ser de los Premios es múltiple: reconocer y celebrar los éxitos de los innovadores que ya están liderando el camino hacia un gobierno más efectivo, eficiente y responsable, fomentar el intercambio de prácticas innovadoras para evitar reinventar la rueda y consolidar la creatividad y la excelencia en el sector público.

Uno de los desafíos con los programas de premios es que se perciben como una ceremonia en lugar de un programa. Por lo tanto, la CPSI ha fortalecido la cadena de valor para asegurar que las innovaciones premiadas y ganadoras se evalúen en función del potencial de replicación, ya que con frecuencia las innovaciones tienden a permanecer bloqueadas en "focos de excelencia" con escasa expansión. Por lo tanto, el programa de premios sirve como un programa de alimentación para el programa de replicación de la CPSI. Al menos dos de las innovaciones se seleccionan anualmente, basadas en el potencial de replicación, pero a partir de 2017 esto crecerá entre 5-10 proyectos (dependiendo del nivel de complejidad). Su replicación a otras provincias o en otros sectores se facilita por lo tanto en el año siguiente. Actualmente, la CPSI está estableciendo una unidad de gestión de proyectos dedicada a apoyar iniciativas de replicación / escalamiento. Como tal, la ceremonia de premiación es sólo un elemento de un enfoque integrado.

Fuente: Centro de Innovación en Servicios Públicos, www.cpsi.co.za/.

Desafíos para generar ideas innovadoras y movilizar actors

El *Laboratorio de Gobierno* está utilizando otro tipo de estrategia enfocada en la búsqueda de innovación dentro y fuera del sector público, creando oportunidades de aprendizaje y acompañando a los servidores públicos en la transformación de sus propias ideas en innovaciones. *Impacta* y *Aulab,* ambos lanzados en 2015 después de la creación del *Laboratorio*, fueron un hito inicial en este sentido. Ambos desafíos apuntan a recoger ideas desde la perspectiva de los usuarios (sociedad civil, emprendedores e instituciones educativas postsecundarias) para desarrollar soluciones que respondan a las necesidades del usuario y, como tales, sean una fuente real de valor público.

Desafíos como Impacta y Aulab combinan un premio monetario con una subvención para desarrollar soluciones (recuadro 3.6). Como estos programas son muy recientes, sus resultados aún no se entienden completamente. Pero iniciativas similares en otros países han tenido éxito hasta ahora, como por ejemplo el programa Challenge.gov de los Estados Unidos. Lanzado en 2010, este programa permitió a los ciudadanos participar en más de 640 concursos lanzados por diferentes agencias en todo el gobierno federal de los Estados Unidos en áreas técnicas, científicas, ideatorias y creativas donde el gobierno estadounidense busca soluciones innovadoras del público[30].

Recuadro 3.6. **Aulab e Impacta**

AULAB es una plataforma de innovación lanzada en 2015 por el Laboratorio de Gobierno, con el objetivo de democratizar la política de innovación, incrementando su alcance entre los actores de las instituciones de educación superior.

AULAB sigue cuatro objetivos principales:

- Integrar soluciones innovadoras y transformadoras de la academia al sector público;
- Movilizar a estudiantes, académicos y administradores a través de disciplinas para generar de manera colaborativa soluciones para enfrentar desafíos sociales nacionales;
- Fortalecer constantemente el tejido de la política pública introduciendo nuevos talentos e ideas dentro del Estado; y
- Convertir la investigación académica en temas y desafíos de alta relevancia y prioridad para los ciudadanos.

Hasta la fecha, se han producido dos ediciones de los desafíos de la AULAB en materia de innovación abierta: AULAB Los Desastres Naturales se inició en 2015 en cooperación con el Ministerio del Interior y la Oficina Nacional de Emergencias (ONEMI), seguido por AULAB Turismo en 2016 en cooperación con el Ministerio de Economía, Desarrollo y Turismo de Chile.

Impacta es el concurso abierto de innovación pública del Gobierno de Chile, implementado por el Laboratorio de Gobierno. A través de Impacta, el Gobierno busca atraer e incentivar a los talentos fuera del Estado invitándolos a que se involucren en desafíos públicos, con ideas nuevas, tecnologías, productos o servicios.

Para ello, Impacta:

- Abre el Estado a los talentos privados a través de desafíos públicos;
- Promueve un ecosistema diverso de emprendedores chilenos y extranjeros con ideas innovadoras;
- Incuba soluciones, transformándolas en prototipos viables con modelos de negocio validados; y
- Transforma las soluciones en políticas públicas que respondan mejor a las necesidades de los ciudadanos.

La primera edición de Impacta, Impacta Salud, fue lanzada en 2015 en colaboración con el Ministerio de Salud Pública y el municipio de Recoleta. Impacta Energía siguió en 2016, en cooperación con el Ministerio de Energía.

Fuente: Laboratorio de Gobierno.

La siguiente tabla presenta los propósitos particulares de cada uno de los programas:

Tabla 3.2. Desafíos de innovación seleccionados en Chile con el objetivo de encontrar fuentes de ideas para la innovación

Nombre del Premio	Fechas	Administrado por	Finalidad
Impacta Salud	Desde 2015 (finalizado)	Laboratorio de Gobierno	Concurso abierto de innovación pública dirigido a los emprendedores para acercar la atención de salud pública a las necesidades de los usuarios para aliviar el hacinamiento en los centros de salud familiar y promover el autocuidado y la prevención de enfermedades
Impacta Energía	Desde 2016 (finalizado)	Laboratorio de Gobierno	Concurso abierto de innovación pública dirigido a emprendedores con el objetivo de encontrar fuentes de ideas para promover el acceso a la energía, el ahorro energético y la energía como fuente de desarrollo para Chile
Aulab Onemi	2015 (finalizado)	Laboratorio de Gobierno	AULAB Onemi, a través de un concurso abierto de innovación pública, buscó soluciones de parte de Instituciones de Educación Superior para mejorar la efectividad en la reacción a los desastres naturales con respecto a la vivienda de emergencia, la gestión de datos y la movilización del voluntariado.
Aulab Turismo	2016 (finalizado)	Laboratorio de Gobierno	Reducir la brecha entre las instituciones de educación superior y los responsables políticos para crear soluciones a los retos de los países en el área del turismo, de acuerdo con la Agenda Nacional de Turismo.

Fuente: Laboratorio de Gobierno.

Ahora que Impacta y Aulab están en su segundo año, está claro que el Laboratorio está integrando un enfoque de aprender-haciendo en su propia programación a medida que se hacen cambios con el fin de perfeccionar los programas. Observando este programa desde una óptica de función pública, se puede preguntar si se maximiza el potencial de estos programas para aumentar las habilidades y la capacidad de los funcionarios. Si bien este no es el propósito declarado de los programas, los resultados finales deben ser propiedad de la institución pública y por lo tanto se debe tener cuidado para asegurar su participación en cada paso.

Maximizar el potencial de la comunidad de innovadores públicos

Las redes pueden apoyar y motivar la innovación del sector público mediante la creación de un espacio donde los innovadores puedan compartir ideas, prácticas y desafíos para implementar innovaciones (Ver gráfico 3.2). Los innovadores desafían el statu quo y, en consecuencia, a menudo se sienten aislados dentro de sus propias instituciones. Las redes las ponen en contacto con otros servidores públicos que enfrentan desafíos similares y tales redes pueden fortalecer la motivación de los innovadores para proseguir sus esfuerzos.

La mayoría de los países de la OCDE (22) cuentan con redes de innovadores, como la Red de Conocimiento Común de Portugal, RCC, plataforma colaborativa para promover el intercambio de mejores prácticas e información sobre modernización, innovación y simplificación de la administración pública. Si bien el propósito más común de las redes de innovadores en los países de la OCDE es ayudar a los miembros a compartir su experiencia, las redes se utilizan con frecuencia para desarrollar las capacidades de sus miembros a través de una capacitación similar a la red Flanders' Learning sobre innovación en el gobierno; proporcionando apoyo para desarrollar proyectos específicos; o proporcionando asesoramiento y orientación a las instituciones públicas, al igual que los Change Makers de Finlandia (recuadro 3.7).

Gráfico 3.2. **Papel de las redes de innovadores en la creación de capacidad para la innovación (países de la OCDE, 2016)**

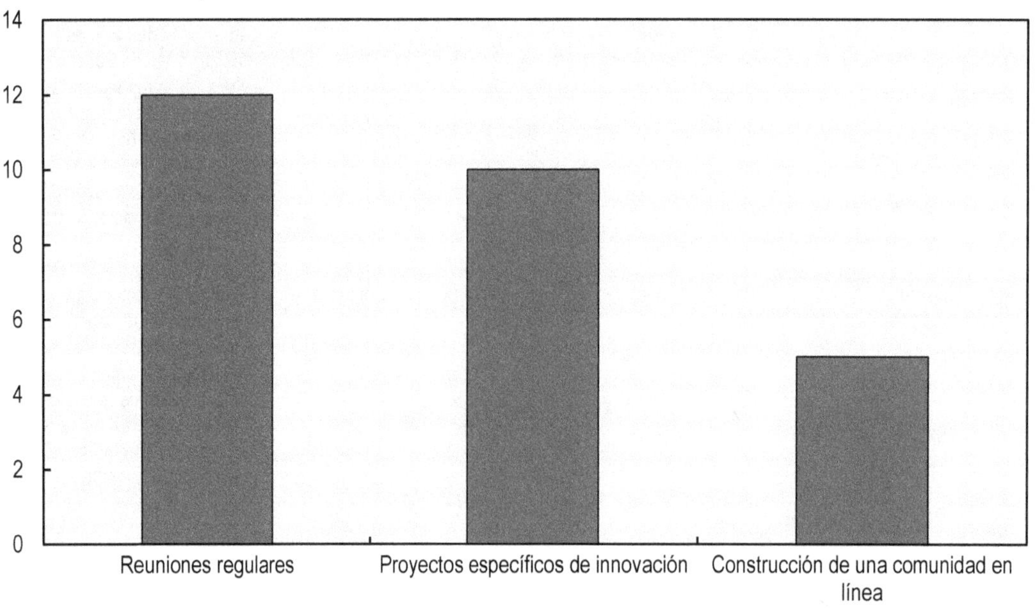

Fuente: Encuesta sobre Gestión Estratégica de Recursos Humanos en los Gobiernos Central y Federal de los Países de la OCDE *(2016 Survey on Strategic Human Resource Management in Central/Federal Governments of OECD Countries).*

Aunque algunas redes están abiertas a todas las personas interesadas, como la Innovatori PA de Italia, otras apuntan a una población específica. Otros países como

Dinamarca tienen "sub-redes" que se dirigen a diferentes públicos dentro de la misma red (recuadro 3.7).

Recuadro 3.7. **Redes de innovadores públicos**

Italia: Innovatori PA

Innovatori PA es una red social de servidores públicos y consultores del sector público que se dedican a la innovación. A través de la plataforma en línea, los innovadores pueden crear contenidos y espacios para el trabajo colaborativo, formar grupos de trabajo alrededor de temas de interés, espacios abiertos para la discusión y compartir proyectos y experiencias innovadoras.

Finlandia: La red Change makers

La red Change Makers Network es un equipo poco organizado y autogestionado de expertos de diferentes ministerios, con diferentes orígenes, educación y experiencia. Lo que se comparte entre los participantes es la necesidad y la voluntad de construir una cultura de trabajo basada en una mentalidad de "gobierno entero" y una forma de trabajar de "cruce de los silos".

La red también está dispuesta a probar y adoptar métodos de trabajo modernos, exploratorios y digitales. Los participantes son todos voluntarios, y no nombrados para representar algún punto de vista particular o ministerio en la red. El modelo de la red difiere dramáticamente de la tradición en la que se establece un grupo de trabajo o comité y los participantes son nombrados para cumplir un objetivo particular, a menudo determinado en otra parte.

Change Makers Network es un nuevo tipo de comunidad bottom-up o "movimiento", que atraviesa fronteras de todo tipo: administrativas, profesionales, actitudinales, etc. También desafía con fuerza las tradicionales y jerárquicas prácticas de gestión, así como las antiguas prácticas de gestión de recursos humanos. Tanto las prácticas de gestión como los servicios administrativos deben considerarse como una renovación propicia, en lugar de establecer obstáculos para el cambio.

La misión no oficial de Change Makers Network es "Finlandia primero". Sólo después viene el enfoque sectorial. A través de esta declaración de la misión, la red enfatiza fuertemente la necesidad y la voluntad de trabajar a través de las fronteras y los silos ministeriales para poder resolver problemas en la sociedad finlandesa.

Portugal: Common Knowledge Network RCC

Lanzado en 2008, el Common Knowledge Network RCC es una plataforma colaborativa para promover el intercambio de mejores prácticas e información sobre la modernización, la innovación y la simplificación de la administración pública. Es una red de intercambio de conocimientos basado en la participación abierta de organismos públicos, administraciones centrales y locales, entidades privadas y cualquier ciudadano que desee participar.

La participación consiste en presentar y describir una buena práctica y sus resultados. La red pretende así afirmarse como un dispositivo de referencia para apoyar la difusión de las buenas prácticas y la construcción del conocimiento.

El RCC prevé el debate sobre las políticas públicas y su implementación a nivel local, regional y nacional y la toma de decisiones participativas con grupos de interés o comunidades de práctica. Fortalece las relaciones entre las distintas partes interesadas y coordina el intercambio de información.

Es un instrumento que ayuda a proporcionar una perspectiva común sobre las actividades de la administración pública para ayudar a normalizar los servicios y establecer normas de calidad similares en los diferentes servicios.

Recuadro 3.7. **Redes de innovadores públicos** (*cont.*)

Polonia: Academia de Gestión de Instituciones Públicas

A nivel central, las redes de Innovación del Sector Público tienen una forma de reuniones de profesionales organizadas por la Cancillería del Primer Ministro, así como por la Escuela Nacional de Administración Pública, también dentro de la denominada Academia de Gestión de Instituciones Públicas, iniciativa conjunta de la Escuela, La Institución de Seguro Social, la Oficina Mazovian Voivodeship y el THINKTANK - Centro de Diálogo y Análisis (empresa social).

En los talleres de esta Academia, sus participantes tienen la oportunidad de tener discusiones profundas sobre un campo seleccionado de administración pública (por ejemplo, servicios electrónicos, participación pública en la gobernabilidad, modelo de competencia, evaluación del desempeño, comunicación interna, seguridad cibernética). Además, un panel moderado con la participación de expertos externos es parte de un evento de este tipo. En general, unos 80-100 funcionarios asisten a la sesión plenaria (panel de discusión), seguido de los talleres en grupos de 15-30 personas. En lo que se refiere al nivel de representación, estas reuniones están básicamente abiertas a expertos independientemente de su rango o antigüedad.

Fuente: Italia: www.innovatoripa.it; Finlandia: www.oecd.org/governance/observatory-public-sector-innovation/innovations/page/changemakersnetwork.htm; Portugal www.oecd.org/governance/observatory-public-sector-innovation/innovations/page/commonknowledgenetworkrcc.htm; Polonia: información proporcionada por el delegado de la PEM.

Si bien en la mayoría de los países de la OCDE el apoyo institucional a las redes de innovadores proviene del gobierno central, es igualmente importante destacar que las redes de innovación pública informales y autosuficientes son la forma más común de redes en los países de la OCDE. Estos datos sugieren que los funcionarios públicos son poderosos impulsores de la innovación y la creación de redes aparece como una forma natural de organización que ayuda a los innovadores a apoyarse mutuamente y, a la larga, maximizar el potencial de sus innovaciones en todo el sector público.

Chile comenzó a crear su primera red de innovadores en 2015 (recuadro 3.8). Al igual que en Austria, Dinamarca y Estados Unidos, la Red Chilena de Innovadores Públicos se encuentra bajo la institución central de innovación, el Laboratorio de Gobierno, y responde a la necesidad inmediata de dar cierta consistencia a una miríada de redes más pequeñas creadas informalmente por participantes y galardonados en concursos de innovación a lo largo de los años. Los seleccionados de GIP, Funciona y Experimenta son algunas de las personas que pueden apoyar la consolidación y el desarrollo futuro de la red. La Red de Innovadores Públicos tiene el potencial de crear un grupo coherente de innovadores del sector público, con un propósito que va mucho más allá de ganar un premio o concurso particular.

A este respecto, la Red de Innovadores Públicos también forma parte del esfuerzo de toda la administración para difundir la innovación en todo el sector público. Si bien reconocer públicamente a los innovadores y dar más visibilidad a las innovaciones es un primer paso en esta dirección, la red también tiene el potencial de crear una nueva dinámica en la innovación del sector público.

Recuadro 3.8. **Red chilena de innovadores públicos**

Lanzada en 2015, la Red de Innovadores Públicos pretende ser un movimiento de diversos actores motivados por la búsqueda de herramientas, experiencias y enfoques que faciliten el desarrollo de innovaciones para mejorar los servicios públicos para sus usuarios. La red ya cuenta con 800 miembros de 15 regiones. De éstos, 156 han participado activamente en actividades. La red emplea una triple estrategia:

1. Aprender colectivamente: facilitar espacios de aprendizaje entre pares, donde se puedan compartir en torno a conocimientos, enfoques y metodologías, así como buenas prácticas de innovación pública, para facilitar el desarrollo de nuevos procesos e iniciativas. Entre las actividades para apoyar esto se incluyen una serie de talleres sobre herramientas y metodologías de innovación y reuniones regionales para resaltar las prácticas de innovación en las instituciones regionales y fomentar oportunidades para implementar prácticas y procesos.
2. Visibilizar las innovaciones públicas: hacer más visibles las experiencias de innovación pública de los servidores públicos chilenos, comunicar y difundir las iniciativas de los actores de la Red para que esto pueda motivar a otros a innovar. Entre las actividades que apoyan esto se encuentran el Encuentro Nacionales de Innovadores Públicos, reuniones para conocer a los innovadores públicos y el levantamiento y sistematización de casos.
3. Conectar las motivaciones para innovar: organizar actividades de generación de redes entre los diferentes miembros de la Red, a través de reuniones y talleres para promover la colaboración y aumentar el capital social. Entre las actividades de apoyo se incluyen reuniones temáticas sobre una amplia gama de temas, entre ellos la salud, compra pública, educación y seguridad pública.

Fuente: Laboratorio de Gobierno.

Esta nueva dinámica dependerá de la capacidad de la red para fortalecer a sus miembros, pero también de sus interacciones con otras redes y con el sector público en su conjunto. Internamente, y posiblemente bajo la guía del Laboratorio, la red debe desarrollar un plan de acción donde los espacios de aprendizaje sean un componente central, para fortalecer la capacidad de sus miembros como innovadores del sector público, pero también, para abogar por innovar en sus instituciones. Externamente, la red debe comprometerse con otras redes, con el fin de difundir información sobre la innovación a otros grupos públicos que pueden estar menos familiarizados con él, por ejemplo la futura "Red ADP " para altos funcionarios públicos.

Una red dinámica y exitosa requiere tiempos y recursos, y al menos en esta etapa inicial, la Red de Innovadores Públicos necesitará algún nivel de gestión y apoyo institucional. La responsabilidad de lanzar y administrar la Red se encuentra actualmente en el Laboratorio de Gobierno y en el DNSC pero, a medida que evolucione la red, habrá tensión entre permitir la gestión de la red y, al mismo tiempo, permitir la propiedad entre sus miembros. El objetivo sería impulsar a la Red a volverse más autodidacta con el tiempo, manteniendo el apoyo y los recursos adecuados. Esto podría lograrse mediante la creación de roles de liderazgo para los miembros y espacios para las iniciativas dirigidas por los miembros, tales como los esquemas de tutoría informal.

De hecho, el éxito de la Red debería depender en parte de la capacidad del Laboratorio de Gobierno para anticipar los desafíos y necesidades de una población muy diversa de innovadores, procedentes de una amplia variedad de áreas. También es probable que la organización de las actividades aumente el interés por la innovación del sector público y por el número de funcionarios o instituciones que buscan apoyo para desarrollar innovaciones. Si bien es necesario aprovechar al máximo el aumento de visibilidad del Laboratorio y de la innovación pública, las expectativas y la capacidad efectiva para apoyar el desarrollo de nuevas innovaciones deben ser cuidadosamente equilibradas.

Conclusión y recomendaciones

Medición y mejora de la cultura organizacional para una mayor innovación

- Una motivación apropiada provoca el uso de habilidades para innovar en el sector público. Dado que la cultura organizacional influye en la percepción de los funcionarios para avanzar con ideas innovadoras, algunas herramientas pueden facilitar la creación de una cultura organizacional más innovadora. En Chile, a menudo se percibe que la cultura organizacional no apoya la innovación. En este sentido, lo primero que se necesita para ayudar a comprender mejor la influencia de la cultura organizativa en la motivación de los funcionarios para innovar podría ser medirla mejor. Con este propósito, la DNSC podría desarrollar un módulo de encuesta con preguntas sobre la percepción de los funcionarios sobre su capacidad y motivación para innovar en su trabajo, y también sobre las oportunidades que tienen para implementar sus ideas.

Aumentar el potencial de los premios a la innovación

- Aunque Chile ha desarrollado una serie de concursos y premios de innovación desde la década de 1990, hay espacio para ampliar el impacto de las innovaciones premiadas y preseleccionadas. Por ejemplo, podría prestarse mayor atención a hacer más visible un conjunto de innovaciones más amplias, por ejemplo, a través de una plataforma en línea como la OPSI de la OCDE; o reconociendo públicamente instituciones que implementaron prácticas innovadoras inspiradas directamente en las innovaciones galardonadas o preseleccionadas; o desarrollando programas para replicar las innovaciones exitosas.

Sobre el fortalecimiento de la red de innovadores

- Además, fortalecer la red de innovadores es también una herramienta importante para reconocer y apoyar a los innovadores y motivar a otros funcionarios. El Laboratorio podría apoyar a la Red de Innovadores Públicos con un plan de acción con énfasis en actividades de aprendizaje, por ejemplo eventos nacionales (como el lanzamiento de la red en noviembre de 2015) o talleres más pequeños, y utilizarlos para desarrollar habilidades específicas y proporcionar información sobre la innovación pública. La red podría ser utilizada para promover la implementación de innovaciones directamente inspiradas en ejemplos de la administración pública chilena. Esto podría ser apoyado por la implementación de un esquema de tutoría que reúna a innovadores y futuros innovadores y administradores de equipos / equipos innovadores que deseen innovar. El desarrollo de la Red de Innovadores Públicos también plantea interrogantes sobre el papel presente y futuro del Laboratorio como un gestor de redes para equilibrar la necesidad de gestión de redes con la necesidad de la propiedad de los miembros.

Notas

1. www.industry.gov.au/innovation/publicsectorinnovation/Documents/_APS_Innovation_Action_Plan.pdf
2. www.fedview.opm.gov/2016FILES/2016_FEVS_Gwide_Final_Report.PDF.
3. www.whitehouse.gov/sites/default/files/omb/memoranda/2015/m-15-04.pdf.
4. www.oecd.org/governance/observatory-public-sector-innovation/innovations/page/commitmenttoculturechange.htm.
5. www.per.gov.ie/en/customer-charter-initiative/.
8. http://innovationsbarometer.coi.dk/main-results-in-english/.
9. www.challenge.gov/about/.

Bibliografia

Amabile, Teresa M (1997) Motivating Creativity in Organisations: On Doing what you Love and Loving what you Do. *California Management Review*; Otoño 1997; 40, 1.

Boxall, Peter y John Purcess (2011) *Strategy and Human Resource Management*, tercera edición. Palgrave Mcmillan.

Center for Public Service Innovation, http://www.cpsi.co.za/.

Direccion Nacional del Servicio Civil (2013), Barómetro de la Gestión de Personas 2013, Resultados generales de la primera aplicación a servicios públicos y Modelo de Gestión de Personas 2013.

Feb web le portail du personnel fédéral Belgique (2011), Concours Innovation, véhicule d'efficience,www.fedweb.belgium.be/sites/default/files/downloads/20110905_reglement_concours_innovation.pdf.

Fernández, Sergio y Tima Moldogaziev (2012) Using Employee Empowerment to Encourage Innovative Behavior in the Public Sector. *Journal of Public Administration Research and Theory Advance Access* publicado el 23 de mayo de 2012.

Foss, Nicolai, Dana B. Minbaeva, Torben Pedersen y Mia Reinholt (2009) Encouraging Knowledge Sharing among Employees: How Job Design Matters. In *Human Resource Management*, Noviembre-Diciembre 2009, Vol. 48, N° 6, Pp. 871 893.

Gee, S. e I. Miles (2008), Mini Estudio 04, Innovation Culture, Global Review of Innovation Intelligence and Policy Studies, Pro Inno Grips disponible en: http://grips.proinnoeurope.eu/knowledge_base/dl/392/Orig_doc_file.

Government of Ireland (2015), Civil Service Employee Engagement Survey, www.per.gov.ie/en/civil-service-employee-engagement-survey/.

Government of the United Kingdom/Cabinet Office (2015), Civil Service People Survey 2015, www.gov.uk/government/uploads/system/uploads/attachment_data/file/477335/csps2015_benchmark_report.pdf and www.gov.uk/government/publications/civil-service-people-survey-2015-results

Innovatori PA, www.innovatoripa.it.

Institute of Public Administration Australia, "Public Sector Innovation Awards", www.act.ipaa.org.au/innovation-awards.

Mumford, Michael D. (2000) Managing Creative People: Strategies and Tactics for Innovation. *Human Resource Management Review*, Vol. 10/3, pp. 313 ± 351.

OECD (2017), *Fostering Innovation in the Public Sector*, OECD Publishing, Paris, http://dx.doi.org/10.1787/9789264270879-en.

OECD (2016), *Engaging Public Employees for a High-Performing Civil Service*, OECD Public Governance Reviews, OECD Publishing, Paris, http://dx.doi.org/10.1787/9789264267190-en.

OECD (2015a), Observatory of Public Sector Innovation, Change Makers Network, www.oecd.org/governance/observatory-public-sector-innovation/innovations/page/changemakersnetwork.htm.

OECD (2015b), *The Innovation Imperative in the Public Sector: Setting an Agenda for Action*, OECD Publishing, Paris, http://dx.doi.org/10.1787/9789264236561-en.

OECD (2014), Observatory of Public Sector Innovation, Common Knowledge Network RCC, www.oecd.org/governance/observatory-public-sector-innovation/innovations/page/commonknowledgenetworkrcc.htm

Orazi, D. C., Turrini A., Valotti G., (2013), "Public sector leadership: new perspectives for research and practice", in *International Review of Administrative Sciences*, Vol. 79/3, pp. 486–504.

Partnership for Public Service, The Best Places to Work in the Federal Government, http://bestplacestowork.org/BPTW/rankings/categories/large/innovation.

Capítulo 4

Oportunidades de los servidores públicos Chilenos para innovar

En este capítulo se analizan las oportunidades que tienen los servidores públicos de Chile para contribuir a la innovación en sus instituciones. La creación de un entorno organizativo adecuado para la innovación del sector público se liga al liderazgo central y responsabilidad de las jefaturas. El capítulo explora dos factores que contribuyen a esta responsabilidad. En primer lugar, se discute cómo la creación de una visión común para la innovación del sector público podría ayudar a construir la narrativa de innovación en Chile, desarrollar un entendimiento compartido de las metas y alinear la acción en todo el sector público. En segundo lugar, el capítulo examina el papel que desempeñan los líderes y gestores públicos del sector público chileno para implementar esa visión y crear el espacio y las oportunidades para la innovación en sus organizaciones. Esto incluye promover maneras innovadoras de trabajar y sostener esfuerzos para incorporar prácticas innovadoras en el sector público.

Una fuerza de trabajo de innovadores del sector público (capítulo 2) altamente capaces y motivados (capítulo 3) sólo logrará una verdadera innovación si se les proporcionan oportunidades para poner esas habilidades y motivaciones en uso. La innovación requiere un nivel de autonomía - los servidores públicos necesitan sentir un nivel de libertad, confianza y propiedad en la manera en que abordan y resuelven los problemas creativamente. Esto requiere papeles claros, objetivos y expectativas para estructurar la autonomía de una manera que garantice que se alinea con los resultados. Esto también requiere liderazgo y gestión basados en la confianza. La innovación no pasará por la regulación. Los líderes y jefaturas necesitan confiar en la capacidad de sus servidores públicos para manejar la delegación, tomar decisiones y trabajar en alianzas. Por último, crear oportunidades para que los servidores públicos innoven también significa crear espacios seguros para probar ideas y experimentar a través de pruebas y errores para aprender y mejorar.

En este capítulo se analiza cómo los servidores públicos en Chile tienen la oportunidad de poner en práctica las habilidades y la motivación para lograr el impacto. Evalúa las políticas, programas e instituciones que ayudan a crear espacio para la innovación y discute el rol del liderazgo para asegurar que los funcionarios capaces y motivados tengan la oportunidad de innovar.

El capítulo explora dos factores principales que contribuyen a brindar oportunidades a los funcionarios chilenos para innovar. En primer lugar, se discute cómo la creación de una visión común para la innovación del sector público podría ayudar a construir la narrativa de innovación en Chile, desarrollar la comprensión compartida de los objetivos implícitos y alinear la acción en todo el sector público. En segundo lugar, y de manera relacionada, el capítulo examina el papel que desempeñan los líderes y jefaturas del sector público chileno para implementar esa visión y crear el espacio y las oportunidades de innovación en sus organizaciones. Esto incluye la promoción de formas innovadoras de trabajo y el mantenimiento de esfuerzos y la incorporación de prácticas innovadoras en el sector público.

Evaluación de oportunidades de innovación en los servicios públicos chilenos

Los funcionarios públicos chilenos, jefaturas y los altos directivos que participaron en las entrevistas y los talleres realizados en el marco de esta revisión hablaron de manera bastante sistemática de como las oportunidades para poner en práctica sus habilidades de innovación eran limitadas. Muchos hablaron de la necesidad de más recursos, tiempo, capacitación, gestión y liderazgo para crear espacios de innovación. Existe la sensación de que las rígidas estructuras legales y presupuestarias limitan las oportunidades de innovación. Algunos llegaron a afirmar que el objetivo de construir un estado innovador es abordar las rigideces del estado. Los innovadores públicos apuntaron al Laboratorio como un socio esencial en esta área, pero el tamaño y la amplitud del desafío es demasiado grande para que un Laboratorio pueda asumirlo por sí solo.

Muchos de los innovadores y líderes que contribuyeron a esta investigación compartieron sobre hechos aislados de innovación y de pequeñas islas de buena práctica, pero sin un marco y un tejido que los uniera en su conjunto. Muchos informantes expresaron la opinión de que no todos los líderes o jefaturas públicas tienen una comprensión común de lo que significa la innovación en el contexto del sector público chileno. Si bien la innovación del sector público se menciona en el programa actual del Gobierno, no hay una visión estratégica articulada que pueda guiar a los líderes y jefaturas sobre cómo usar la innovación para transformar las políticas y los servicios gubernamentales en sus ministerios y agencias.

Las conversaciones con altos directivos del sector público chileno pusieron de relieve un papel central del liderazgo organizacional para brindar oportunidades de innovación dirigidas a los ciudadanos y los servidores públicos. El rol central de los líderes de la organización es alinear el mandato y los objetivos estratégicos de su procesos de gestión para que las tareas se lleven a cabo lo más eficazmente posible. Los líderes entonces tienen amplias oportunidades para alinear estos sistemas de manera que provean oportunidades para que sus servidores públicos innoven. Las discusiones con los líderes destacaron varias maneras en que algunos de los altos líderes de Chile han creado oportunidades para la innovación exitosa en sus organizaciones:

- Permitir a los funcionarios públicos innovar en su organización. Los líderes destacaron que el papel en la creación de oportunidades para que los funcionarios públicos innovaran era dar un mandato para la innovación dentro de su organización.
- Eliminar las barreras psicológicas y las restricciones auto percibidas para la innovación. Cuando los marcos legales son complejos y poco claros, los funcionarios tienen tendencia a interpretarlos de manera conservadora para no terminar en el lado equivocado de la ley. Esto, combinado con una cultura de "siempre lo hemos hecho de esta manera", puede tener el efecto de limitar la percepción de oportunidades de innovación incluso cuando la ley lo permite. Los líderes pueden ayudar a clarificar el marco jurídico que subyace a la innovación y asegurar que los funcionarios públicos tengan la capacidad de equilibrar completamente el cumplimiento de las normas existentes y el uso de la autoridad discrecional.
- Comunicar el valor, los beneficios y los resultados claros de la innovación. Los líderes destacaron la necesidad de mostrar los resultados de los proyectos de innovación, recompensar a los innovadores y defender los casos de éxito. Los líderes deben ser capaces de mostrar y comunicar el valor añadido de los proyectos innovadores. Esto sugiere la necesidad de invertir también en la medición del impacto.
- Construir una relación de confianza con las jefaturas y sus equipos. Se señaló que los altos mandos deben confiar en los mandos intermedios y en sus equipos y dotarlos de autonomía, espacio y mandato necesarios para la innovación.
- Crear las condiciones para la innovación, y luego salir del camino. Los altos directivos reconocen que su función es generar las condiciones para que las jefaturas intermedias creen espacio (y tiempo) para que sus equipos innoven, pero también mantenerse alejados del proceso de innovación directa. Los líderes también señalaron que las ideas innovadoras a menudo vienen de abajo hacia arriba y de las líneas de frente de la prestación de servicios. En este caso, destacaron su papel como estar en posición de dirigir su organización de tal manera que ofrezca oportunidades para que esas ideas sean promovidas y fomentadas, lo que incluye lograr un cambio cultural más amplio a favor de la innovación.

Gran parte del debate con altos directivos se centró en el liderazgo dentro de sus organizaciones. Sin embargo, hubo poca discusión sobre el papel de los líderes en forjar el tipo de asociaciones institucionales necesarias para permitir la innovación a través de sectores y entre sectores. Tampoco hubo mucha discusión sobre cómo proporcionar oportunidades para que los funcionarios públicos se involucren con los usuarios y la ciudadanía en general. Esto refuerza la sensación de que, hasta ahora, la innovación se enmarca como un sistema cerrado en la administración pública chilena.

Esta revisión también proporcionó la oportunidad de identificar las habilidades utilizadas por las jefaturas intermedias para apoyar la innovación del sector público en las organizaciones en las que trabajan. Los directivos que participaron en las entrevistas y talleres realizados por la OCDE y el Laboratorio identificaron algunas de las habilidades que habían utilizado durante las diferentes fases de los procesos innovadores en sus instituciones. Si bien utilizan muchas de las mismas habilidades que los innovadores (como la capacidad de entender las necesidades de los usuarios) (gráfico 1.3), las jefaturas a menudo enfatizaron que tener la capacidad de analizar un problema y la capacidad de motivar y comprometer a todo el equipo fueron elementos clave para transformar una idea en una innovación.

En la fase de implementación de una innovación, los directivos también destacaron la necesidad de tener la capacidad de coordinar equipos y comunicarse eficazmente para obtener apoyo del nivel político o incluso de los usuarios u otros actores, así como la resiliencia y perseverancia para mantener al equipo motivado frente a la resistencia. Las habilidades de comunicación y negociación siguen siendo importantes en todas las fases de la innovación; para aumentar el impacto de una innovación, algunas de las habilidades más importantes fueron la capacidad de hacer de la información algo sistemático, buscar recursos adicionales y anticipar de manera proactiva.

A pesar del impresionante nivel de habilidad y compromiso de las jefaturas intermedias que participaron en la revisión, muchos de los participantes, desde los innovadores hasta los líderes, parecieron sentir que la mayoría de los mandos medios de la administración pública chilena no encajan en este molde. Muchos entrevistados sugirieron que el compromiso de innovación era alto en los niveles superiores y en los niveles más bajos, pero que había un bloqueo en algún punto intermedio. Este tema es un hecho que ha afectado a muchos de los procesos llevados a cabo por los innovadores que fueron consultados, especialmente aquellos que formaron parte de las iniciativas del GIP. Esto puede deberse a cargas de trabajo y estrés sustanciales, así como a sistemas de rendimiento que recompensan definiciones estrechas de entrega exitosa. Parte del problema también es probablemente institucional: mientras que el SADP se gestiona colectivamente, los mandos intermedios no. Por lo tanto reciben poco entrenamiento o desarrollo. Muchas jefaturas intermedias pueden haber sido promovidos debido a un desempeño excelente en sus posiciones anteriores, con poco apoyo para la transición a sus nuevos roles gerenciales.

Crear y mantener una visión para la innovación del sector público

La trayectoria de Chile en la reforma y modernización de la administración pública ha sido impresionante y es un verdadero líder en América Latina. La introducción del informe destaca muchos éxitos alcanzados relacionados con la modernización del sector público y el gobierno digital. Aunque la invitación de la Presidenta Bachelet a lograr una innovación se basa en estos éxitos, también representa un cambio de visión, un enfoque más participativo, basado en la aportación de ciudadanos y funcionarios y redefiniendo la relación entre el Estado y el ciudadano. Esto tiene profundas implicaciones para la forma en que los líderes públicos deberían dirigir sus servicios públicos.

Construir esta visión de manera participativa y codificarla en una declaración oficial de alguna forma podría ayudar a alinear el liderazgo y la acción pública en torno a los objetivos de innovación del sector público en todo el sector público chileno. El concepto de una agenda de políticas de innovación del sector público es reciente y poco difundida en los países de la OCDE. Hasta la fecha, hay relativamente pocos países que han establecido una agenda o un plan específico para apoyar la innovación del sector público. Tradicionalmente, las iniciativas para fomentar la innovación en el sector público se han asociado como parte de las políticas de gestión tecnológicas o de cambio a nivel central y sectorial o enmarcadas como una parte pequeña pero significativa de una visión más amplia de la innovación en la economía. Recientemente, los países han comenzado a incluir la innovación como parte de sus agendas de mejora de la administración pública y / o la construcción de una agenda distinta para la innovación.

La experiencia de los países de la OCDE indica que una política de innovación del sector público puede ser decisiva para establecer y articular una visión de la utilización de la innovación en el sector público; ayudando a identificar objetivos comunes y priorizando la acción en todo el sector público; motivando al sector público a trabajar conjuntamente y a disminuir la resistencia al cambio mediante la contratación de funcionarios públicos y el desarrollo de narrativas comunes. Los ejemplos de Canadá y Australia podrían proporcionar a Chile conocimientos útiles sobre los enfoques para el desarrollo de una visión integral de la innovación del sector público en el gobierno.

El Gobierno Federal canadiense ha desarrollado la visión de Blueprint 2020 para un servicio público de clase mundial, que incorpora la innovación en muchos de sus elementos de transformación y modernización y que los funcionarios crearon desde el principio. Los servidores públicos participaron en una discusión alrededor de la visión y en el desarrollo de un plan de acción. Este proceso de participación fue en gran parte de abajo hacia arriba, con servidores públicos que ofrecen opiniones, ideas y soluciones innovadoras. Al mismo tiempo, la ejecución de la iniciativa horizontal está dirigida por el Secretario del Consejo Privado, quien provee liderazgo horizontal general a un consejo de administración y renovación del servicio público, lo que garantiza que la estrategia se siga hasta el nivel departamental. El Gobierno de Canadá encontró este enfoque útil para iniciar una discusión más amplia entre los funcionarios sobre cómo veían su papel en la contribución a la innovación, pero también en involucrarlos en la identificación y lanzamiento de sus propias agendas de cambio. Al mismo tiempo, hubo un liderazgo para la iniciativa, y fue apoyado en los niveles más altos de gobierno, incluso por el Primer Ministro.

En 2015, el Gobierno Federal australiano estableció una agenda de innovación en todo el servicio público australiano, que es respaldada por los secretarios departamentales (parte del servicio ejecutivo senior en Australia) y establece compromisos de la alta dirección para apoyar la agenda. Se establecieron dos prioridades principales para su implementación en un período de un año, incluyendo acordar una mejor conexión entre funcionarios para compartir ideas y experiencias sobre hacer las cosas de manera diferente y promover iniciativas que brinden oportunidades al servicio público para compartir, desarrollar, probar, reconocer buenas ideas. Si bien estas prioridades y las acciones de acompañamiento fueron informadas por la experiencia de los servidores públicos de la red de innovadores, la agenda estaba en gran medida establecida y conmutada desde arriba hacia abajo. A pesar de que aún está en sus primeras etapas después de sólo un año, se ha visto que el cambio en el lenguaje y una narrativa común procedente de los altos líderes sobre el valor de la innovación del sector público son útiles en el contexto australiano.

Si bien el establecimiento de la agenda adecuada y la motivación de los funcionarios exigirán probablemente una combinación de iniciativas de arriba hacia abajo y de abajo hacia arriba, hay algunas lecciones interesantes que podrían extraerse de estas experiencias al examinar el contexto específico chileno. El apoyo de los principales responsables de la toma de decisiones (Canadá), combinado con las posibilidades de participación de abajo hacia arriba, podría funcionar bien para asegurar el compromiso del liderazgo durante el proceso y motivar a los funcionarios a verse a sí mismos como contribuyentes activos. La participación de los servidores públicos chilenos en un diálogo común sobre el papel del servicio civil en la contribución a la innovación podría ser un primer paso. Involucrar a los niveles más altos en esta discusión también podría ser una forma de mostrar el valor y los beneficios de innovar en el sector público y como forma de sensibilizar a los líderes de organizaciones del sector público que podrían estar menos familiarizados con el mandato de innovación del sector público.

En Chile no existe una agenda de innovación del sector público que reúna y articule una visión compartida de la innovación del sector público en el gobierno central. Tampoco hay un mecanismo formal para asegurar que las experiencias y lecciones que emergen de la implementación sean compartidas. El Consejo Estratégico del *Laboratorio* se destaca como el único mecanismo de coordinación formal, pero su acción se limita a proporcionar supervisión y dirección a las iniciativas del Laboratorio.

Altos directivos crean el espacio para la innovación

Los buenos líderes dirigen organizaciones, establecen metas, alinean recursos y desempeñan un papel importante en el desarrollo de la cultura y el clima organizacional (capítulo 2). Los líderes tienen el poder y la influencia para estructurar organizaciones, seleccionar servidores públicos calificados, abrir puertas y eliminar barreras para las personas, proyectos y equipos que apoyan. Sin el apoyo y el compromiso de los máximos directivos, la innovación del sector público no puede tomar fuerza.

No obstante, la innovación del sector público no es un proceso de arriba hacia abajo y aquí reside el desafío interesante. Si bien los principales líderes deben ser actores clave para crear un entorno organizativo propicio para la innovación, también necesitan tener confianza en las capacidades de sus jefaturas y funcionarios para proporcionarles la autonomía necesaria para que la innovación de abajo hacia arriba tenga lugar. Como dijo uno de los participantes en los talleres de la OCDE, "crear las condiciones y salir del camino". En este sentido, el liderazgo para la innovación sugiere la necesidad de delegar el liderazgo a todos los niveles de una organización, para permitir e inspirar conductas de liderazgo incluso en los niveles más bajos de una jerarquía organizacional.

En esta sección se analiza el papel de los altos directivos y jefaturas intermedias en el sector público chileno, para crear espacio y oportunidades de innovación en sus organizaciones y equipos. Presenta algunos de los hallazgos clave de entrevistas con líderes y jefaturas durante la misión de investigación de la OCDE en noviembre de 2015 y de la mesa redonda organizada con líderes del sector público chileno durante la segunda misión en marzo de 2016.

La innovación como una de las competencias del Sistema de Alta Dirección Pública de Chile

Los altos directivos de esta sección se refieren al Sistema de Alta Dirección Pública (SADP) mencionado en la introducción, compuesto por el primer y segundo nivel jerárquico de la gerencia de las organizaciones públicas y supervisado por la DNSC. A diferencia de la mayoría de los funcionarios públicos, los altos directivos son contratados a través de un sistema de reclutamiento específico que incluye un marco de competencia en el que se evalúan los candidatos. Este programa es el más exitoso sistema de selección y gestión de altos directivos públicos basado en el mérito de la región, lo que ha ayudado a que ejecutivos altamente calificados sean seleccionados para liderar la modernización del sector público y el desarrollo económico y social de Chile. La existencia de un programa centralizado y basado en el mérito para seleccionar y administrar altos ejecutivos sitúa a Chile entre un creciente grupo de países de la OCDE que cada vez reconocen el valor de garantizar el mérito en los niveles más altos (gráfico 4.1).

Gráfico 4.1. **Uso de prácticas separadas de gestión de recursos humanos para altos funcionarios públicos**

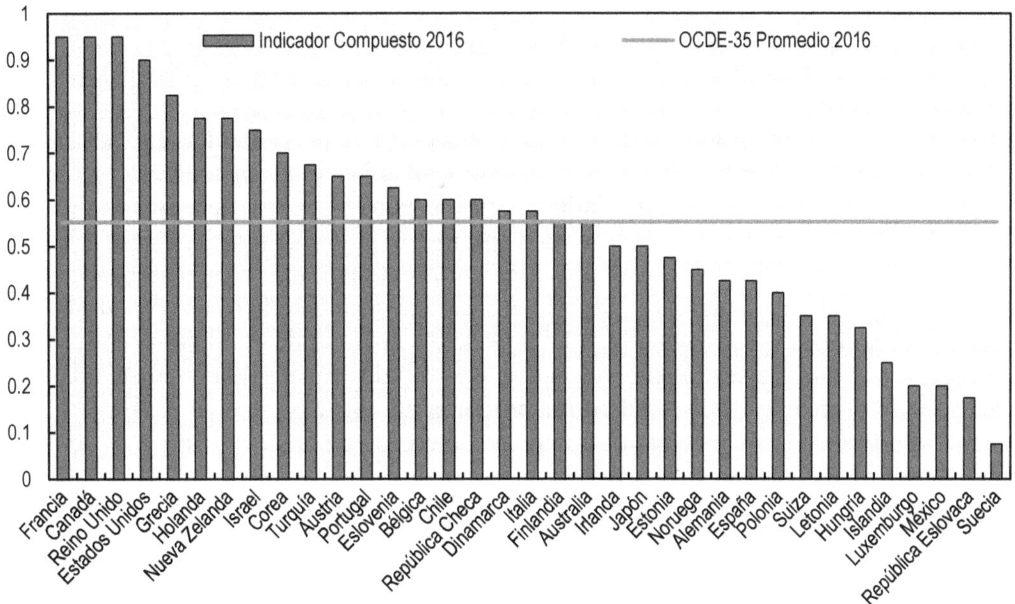

Fuente: Encuesta sobre la Gestión Estratégica de Recursos Humanos en los Gobiernos Central y Federal de los Países de la OCDE (*2016 Survey on Strategic Human Resource Management in Central/Federal Governments of OECD Countries*).

El SADP de Chile asegura que las habilidades y competencias orientadas a la innovación se consideren en la etapa de reclutamiento de los altos directivos. Por ley, las instituciones incluyen "Innovación y flexibilidad" como una de las siete competencias de liderazgo en todas las descripciones de trabajo del SADP. Esto se define en este contexto como la capacidad de transformar barreras y complejidades en oportunidades; incorporar nuevas prácticas, procedimientos y metodologías en los planes institucionales; y tomar riesgos calculados que permitan la creación de soluciones, promover el cambio y mejorar los resultados. Además, se espera que los altos directivos demuestren competencias en visión estratégica, liderazgo interno y gestión de personas, y liderazgo externo y construcción de redes, entre otros.

Las organizaciones de contratación le asignan un peso a cada competencia y son evaluadas mediante métodos de entrevista basados en competencias y otras pruebas psicológicas y verificaciones de referencias. Se presenta una primera lista corta al Comité de Selección, quien realiza una entrevista final. La DNSC presenta los tres o cuatro mejores candidatos a la autoridad facultada para proceder a los nombramientos, quien pueden seleccionar uno de ellos o solicitar un anuncio de empleo nuevo.

La inclusión de la innovación entre los criterios de selección de los altos directivos contribuye a reforzar este tema como valor de liderazgo, sin embargo, esto también debería reforzarse a través de las oportunidades de desarrollo y la evaluación del desempeño. No está claro cómo se demuestra la competencia "innovación y flexibilidad" en la selección y se refuerza a lo largo de las carreras del SADP en Chile. Proporcionar oportunidades a los altos directivos para reflexionar sobre su papel como líderes de un Estado más innovador puede hacerse a través de programas de desarrollo de liderazgo, redes y sistemas de gestión del rendimiento. Pero un primer paso requeriría buscar ejemplos de los tipos de comportamiento de liderazgo que demuestran esta competencia particular en acción.

Estos hallazgos ponen de relieve comportamientos que están en línea con los que surgen de la experiencia de otros países. Australia, por ejemplo, ha trabajado con su grupo de defensores de la innovación, una red de altos directivos comprometidos con un sector público más innovador, para definir el tipo de comportamientos que los líderes necesitan mostrar para apoyar la innovación en sus organizaciones (recuadro 4.1). Canadá ha experimentado una actividad similar, identificando los tipos de comportamientos requeridos en cada nivel de la jerarquía para "promover la innovación y guiar el cambio", una de sus principales competencias de liderazgo. En el nivel más alto, se espera que los líderes promuevan una cultura que desafíe el statu quo y aliente la toma responsable del riesgo, estimule la experimentación y la evaluación genuina de resultados, entre otros. Siguiendo los ejemplos australianos y canadienses de "desempacar" la competencia de la DNSC en innovación y flexibilidad podría proporcionar una base para el desarrollo de un cuadro de liderazgo en Chile con una comprensión común de la innovación y las acciones necesarias para apoyarla en sus organizaciones.

Recuadro 4.1. **Liderazgo en la innovación: exhibir comportamientos que creen el espacio y alienten a los funcionarios a innovar**

La innovación tiene que ver con la gente, ya sea para obtener apoyo para una idea, para que la gente utilice o actúe sobre la idea, o para pensar en lo que la idea hace para otras personas. Debido a que se trata de personas, está en gran medida vinculado a la interacción con los demás, y los comportamientos que se modelan. Si los líderes quieren fomentar la innovación, entonces necesitan exhibir comportamientos que encamine hacia a un pensamiento y un comportamiento innovador por parte de sus servidores públicos. Trabajando con el Grupo de los Campeones de la Innovación (un grupo de altos directivos en el Servicio Público Australiano - (recuadro 4.2), el Gobierno australiano examinó qué líderes de comportamiento necesitaban mostrarse (o ser evitados) para apoyar y alentar a los funcionarios a innovar. La siguiente es la versión beta de los comportamientos para los líderes que ha sido desarrollado, según lo aprobado por el Grupo de Campeones de la Innovación:

1. Empoderar a los demás - compartir donde la innovación es más necesaria. La innovación a menudo funciona mejor cuando se trata de una actividad estratégica. Una de las maneras más fáciles de capacitar a otros para innovar es hacerles saber dónde es más necesario o donde es más buscado. Esto puede ayudar a otros a enfocarse en ideas que son más aptas para las necesidades y objetivos estratégicos.

Recuadro 4.1. **Liderazgo en la innovación: exhibir comportamientos que creen el espacio y alienten a los funcionarios a innovar** (*cont.*)

2. Invitar a que entren los atípicos - demostrar que la diversidad es valorada. La innovación implica nuevas maneras de ver las cosas, y eso requiere aprovechar diferentes redes y grupos y experiencias, diferentes maneras de trabajar y pensar, y permitir y fomentar un debate constructivo. Una forma de fomentar un entorno que valore la diversidad es invitar activamente a aquellos con diferentes perspectivas, desde el exterior y dentro de su organización. ¿Quiénes son los atípicos que representan formas nuevas o diferentes de entender su mundo? Invítelos a la conversación y muéstreles que estás abierto a ideas muy diferentes.
3. Diga "Sí, y" no "No, porque". Puede ser difícil proponer una idea nueva, pero es muy fácil detener a alguien que lo haga. "Una ceja levantada o una mirada escéptica puede matar una idea antes de que le llegue el oxígeno". Construir sobre una idea puede ayudar a asegurar que no se pierda una gran nueva forma de hacer las cosas. Le ayuda a las personas a saber que valoran las ideas y la creatividad, y que no se espera que las ideas sean perfectas de inmediato.
4. No reaccione demasiado – aprecie el error experimental. Las cosas irán mal. Habrán errores mientras se aprenden las cosas a través de la innovación. Algunas ideas, si no la mayoría, no llegarán a nada. La gente probará cosas que no funcionan. Una reacción adversa a un intento innovador puede detener cualquier innovación adicional. Se debe proporcionar orientación sobre dónde hay espacio para experimentar y donde sólo pueden haber pruebas rigurosamente probadas y comprobadas. Se debe crear el espacio para la experimentación "segura". Cultive el aprendizaje reflexivo, donde los errores experimentales son discutidos y aprendidos, y no ocultos o vistos como vergonzosos.

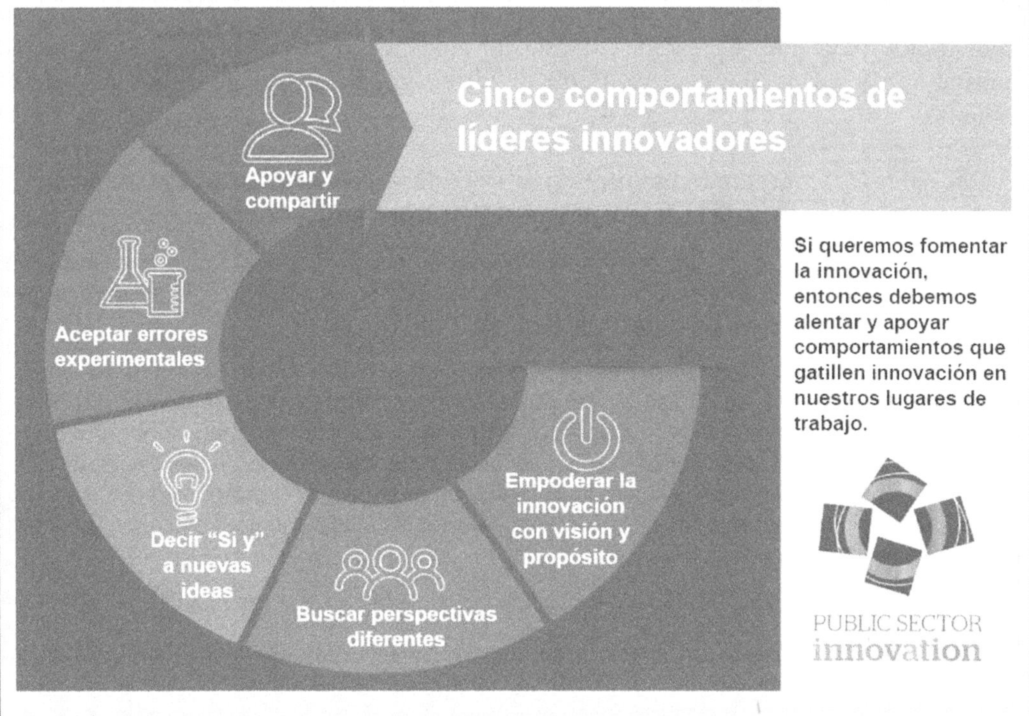

Recuadro 4.1. **Liderazgo en la innovación: exhibir comportamientos que creen el espacio y alienten a los funcionarios a innovar** (*cont.*)

5. Apoyar a los innovadores y compartir historias de éxito. La innovación puede ser difícil. Puede ser difícil ir en contra de la situación actual o trabajar en algo que no puede, inicialmente, encajar con el resto de una organización. Desarrollar una nueva idea puede implicar enfrentar muchos obstáculos. Las ideas innovadoras requerirán tiempo y recursos para convertirse en propuestas reales y probadas. Necesitarán protección contra las continuas presiones del trabajo como siempre. Los innovadores tendrán que ser apoyados. Compartir historias de éxito puede ayudar a generar un apoyo más amplio, demostrar el valor que la innovación puede traer y demostrar que se puede hacer, y ayudar a conectar a aquellos que han implementado algo nuevo con aquellos que están tratando de hacer algo nuevo.

Fuente: Roberts, A. (15 de febrero 2016), "Innovation Behaviours for the Public Service – beta version", http://innovation.govspace.gov.au/2016/02/15/innovation-behaviours-for-the-public-service-beta-version/.

Una red de altos directivos podría proveer de un foro para debatir y desarrollar estos comportamientos, compartir experiencias prácticas sobre la creación de espacio para la innovación dentro de las organizaciones y también para debatir cuestiones y retos compartidos en materia de innovación. También puede utilizarse como un espacio para colaborar en proyectos demo que exploren y tipifiquen nuevas formas de trabajo y pueden contribuir a iniciativas interinstitucionales para fomentar una cultura de innovación. Por ejemplo, el Grupo de Campeones de la Innovación en el Servicio Público de Australia es un grupo de líderes con representación de cada departamento que se reúnen regularmente para aprender unos de otros y se encargan de defender la innovación dentro de su organización (recuadro 4.2). Esta red está dirigida por el Departamento de Industria, Innovación y Ciencia, que es responsable de dirigir la agenda de innovación en todo el gobierno.

Recuadro 4.2 **Conectando la innovación y el liderazgo estratégico: El Grupo de Campeones de la Innovación del Servicio Público Australiano**

¿Cómo pueden los altos directivos aprender unos de otros sobre cómo apoyar mejor a los innovadores y la actividad innovadora en sus agencias? ¿Cómo se pueden explorar y probar las ideas de todo el servicio para encontrar nuevas formas de hacerlo mejor?

En julio de 2015, los Secretarios de Cartera del Servicio Público Australiano (APS) respaldaron la creación de un "Grupo de Campeones de la Innovación". El grupo de altos directivos es presidido por el Departamento de Industria, Innovación y Ciencia y ha proporcionado un foro para compartir experiencias prácticas sobre el apoyo a la innovación dentro de las agencias, discutir temas y desafíos de innovación compartida, colaborar en proyectos de demostración que exploran y tipifican nuevas formas de trabajo, y contribuir a iniciativas interinstitucionales para fomentar una cultura de innovación.

Algunas de las iniciativas del Grupo de Campeones de la Innovación han incluido:

- Identificar y apoyar un conjunto de comportamientos modelo tanto para los líderes como para los funcionarios públicos individuales que deseen apoyar la innovación
- Apoyar el desarrollo de dos proyectos nombrados por personal de nivel de oficiales; uno es un programa de mentoría de diseño para que el personal comparta y aprenda unos de otros sobre el pensamiento de diseño; y otro que investiga cómo el crowdsourcing puede prácticamente ayudar a informar la formulación de políticas

Recuadro 4.2 **Conectando la innovación y el liderazgo estratégico: El Grupo de Campeones de la Innovación del Servicio Público Australiano** (*cont.*)

- Apoyar a un proyecto experimental de capacitación interinstitucional sobre problemas complejos para el personal de APS
- Aprender sobre las nuevas tecnologías y modelos de negocio que podrían tener un impacto en el trabajo del servicio público, como BlockChain
- Apoyar y participar en el Mes de la Innovación, incluyendo los Premios a la Innovación inaugural.

Fuentes: Secretario Glenys Beauchamp, julio de 2015, Mes de la Innovación y Apoyo a la Innovación en la APS, http://innovation.govspace.gov.au/2015/07/06/innovation-month-and-supporting-innovation-across-the-Aps/; Secretario Adjunto David Hazlehurst, marzo de 2016, Sexta Reunión del Grupo de Campeones de la Innovación, http://innovation.govspace.gov.au/2016/03/30/sixth-meeting-of-the-innovation-champions-group/.

Las competencias chilenas orientadas a la innovación para altos funcionarios también pueden reforzarse a través del sistema de gestión del desempeño. En Canadá, por ejemplo, los altos cargos se encargan de promover la innovación a través del sistema de gestión del rendimiento. Las competencias clave de liderazgo se utilizan para evaluar a los ejecutivos de servicios públicos en el contexto de la evaluación del desempeño y los criterios de promoción. Promover la innovación y guiar el cambio es una de las competencias clave de liderazgo para todos los ejecutivos federales, en reconocimiento del papel que desempeñan los líderes del servicio público en la creación de un ambiente que apoya el pensamiento audaz, la experimentación y la toma inteligente de riesgos.

En Chile, la DNSC elabora lineamientos para ayudar a las instituciones a diseñar criterios de desempeño para altos funcionarios (ADP). Dado que los objetivos de desempeño deben ser coherentes con la estrategia institucional, los sistemas de planificación y gestión, el presupuesto, los PMGs existentes y el desempeño de los equipos (convenios de desempeño colectivo), hay espacio para incluir más objetivos de innovación para los altos directivos. Esto es especialmente importante dada la ventana de oportunidad presentada por la nueva ley que traerá un papel más importante a la DNSC para la gestión continua del desempeño de los líderes del SADP. Por ejemplo, aunque los criterios de desempeño no están explícitamente incluidos en las orientaciones de la DNSC para la elaboración de convenios de desempeño para los altos funcionarios, ya que la innovación es uno de los criterios de reclutamiento, debe ser posible incluirlo en la evaluación del desempeño de la ADP.

Una tercera forma de reforzar las competencias orientadas a la innovación de la ADP es mediante programas de desarrollo del liderazgo centrados tanto en la innovación como en la buena gestión en general. Y aquí es importante extender el enfoque del análisis más allá del nivel más alto para incluir a todos las jefaturas de equipos, proyectos y unidades.

Gestión de la innovación: el papel de las jefaturas intermedias que proveen espacios a sus equipos para innovar

Los proyectos y equipos innovadores exigen un enfoque diferente de la gestión, que se aleja de los modelos de mando y control hacia un mayor énfasis en el trabajo a través de las fronteras, centrándose en los resultados y creando espacio para probar ideas nuevas a través de la iteración (OCDE, 2015). Debido a que la innovación es por definición novedosa, no hay ninguna receta a seguir. La gestión de la innovación requiere que los gestores de proyectos y equipos demuestren la capacidad de crear equipos diversos, confíen en estos equipos y, dentro de un entorno orientado a objetivos, otorguen autonomía para gestionar proyectos complejos y ambiguos, gestionar riesgos, alinear los recursos en entornos inciertos y ajustarse a medida que avancen. Con el conjunto adecuado de habilidades, las jefaturas pueden inspirar y motivar a sus equipos a ser innovadores, y ayudar a ampliar el trabajo de los innovadores públicos, abogando por este trabajo entre la alta dirección y otras partes interesadas.

En muchos casos, las habilidades para gestionar la innovación son las habilidades de todos los buenos gestores públicos, que son particularmente probados cuando participan en un proyecto de innovación. No se puede asumir que tales habilidades se desarrollan naturalmente, especialmente en situaciones en que las jefaturas son promovidas debido al buen funcionamiento en posiciones profesionales o como expertos en el tema. Los buenos expertos legales, por ejemplo, no se convierten automáticamente en buenas jefaturas de un departamento legal. El conjunto de habilidades es específico, y se debe dar prioridad a los criterios de desarrollo y reclutamiento / promoción.

Conjuntos de habilidades como las descritas en la sección de evaluación de este capítulo pueden utilizarse para ayudar a desarrollar criterios de reclutamiento y políticas de capacitación para atraer, reclutar y desarrollar el tipo de jefaturas necesarias para una innovación exitosa en el sector público. En Chile, las jefaturas intermedias son reclutadas a través de un procedimiento muy similar al de todos los funcionarios públicos. En este marco, la DNSC sólo interviene anunciando la posición y apoya a los Ministerios, cuando se le solicita, en la definición de criterios de selección. Dado que no existe un modelo de competencia que sirva de base para la contratación de jefaturas intermedias, la inclusión de aptitudes y competencias orientadas a la innovación se realiza a discreción de la autoridad nominadora y, como tal, la contratación de jefeaturas intermedias es muy similar a la contratación de todos los demás funcionarios públicos. En este sentido, le corresponde a los líderes de cada institución pública de Chile identificar los tipos de habilidades orientadas a la innovación que buscan en sus jefaturas públicas y destacarlos en los criterios de desarrollo, reclutamiento y promoción. Un marco de competencias de la gerencia intermedia podría ayudar, aunque no está claro quién en Chile tendría autoridad para desarrollar dicho marco y monitorear su implementación.

Desarrollar habilidades de las jefaturas medias y altos directivos para liderar la innovación

Una investigación reciente sugiere que las capacidades de las jefaturas intermedias para administrar eficazmente a las personas tienen un impacto muy significativo en el desempeño organizacional. Este es probablemente el caso en la administración pública de Chile donde los altos directivos tienden a permanecer en sus puestos por sólo dos a tres años en promedio. Esto puede limitar la capacidad de desarrollar realmente la capacidad de innovación de su institución, lo que requiere un compromiso sostenido a largo plazo. Esta situación sugiere que cualquier estrategia de desarrollo de gestión orientada a la innovación debe tener en cuenta a los mandos intermedios ya que tienden a permanecer más tiempo en sus posiciones.

El liderazgo y el desarrollo ejecutivo figuran entre las primeras prioridades de la reforma de la función pública en los países de la OCDE. Según una encuesta reciente, 19 países de la OCDE informan que incluyen la innovación del sector público como un componente clave del desarrollo del liderazgo, pero todavía no lo es en Chile. Esto significa que Chile puede beneficiarse de experiencias adicionales y construir su programa de desarrollo para administradores públicos de las mejores prácticas internas e internacionales. En Israel, por ejemplo, se hace hincapié en el liderazgo para la innovación a través del Colegio Nacional de Liderazgo, Gobernanza y Gestión; Estonia y Finlandia (recuadro 4.3) han elaborado un programa de capacitación "BootCamp de innovación" para directivos de ambos países, y Estonia también hace hincapié en la innovación en los programas centrales de capacitación y desarrollo para jefaturas intermedias; Noruega incluye el liderazgo en la innovación y la gestión en programas de desarrollo para altos directivos y grupos de gestión (OCDE, 2016 SHRM). La Escuela de Gobierno de Australia y Nueva Zelanda (ANZSOG) también ha desarrollado un programa sobre "Lograr mejores resultados para costos más bajos: Principales innovaciones del sector público" para ayudar a los altos funcionarios públicos a pensar y actuar de manera innovadora sobre los desafíos dentro de su departamento u organismo. La capacitación se centra en la comprensión de la distinción entre innovación y cambio o reforma, creando una cultura abierta a la innovación dentro de una organización, creando sistemas y procesos que soportan sólidamente la innovación, ideando soluciones innovadoras a problemas específicos y desarrollando planes de acción.

Recuadro 4.3 **Capacitación de directivos altos y medios en Estonia y Bélgica**

Estonia y Finlandia: Bootcamp de innovación

El Boot Camp de Innovación fue un programa de desarrollo de un año para los altos directivos de Estonia y Finlandia, con el propósito de aumentar la agilidad estratégica y la capacidad de innovación de los altos directivos. El programa se estructuró en siete módulos: innovador / líder, cultura de innovación, herramientas de innovación en el contexto global, cambio rápido e implementación, pensamiento prospectivo, sostenibilidad y visión / hoja de ruta.

El programa se organizó en diferentes ciudades de Estonia, Finlandia, India, Austria y Estados Unidos. Consistió en visitas a sitios, conferencias con exponentes del sector público y privado, proyectos de desarrollo dedicados y apoyo a coaching.

Estonia: Desarrollo de jefaturas de nivel medio: mejorar las habilidades de liderazgo y promover valores comunes en la administración pública

Las jefaturas intermedias son los actores clave en la difusión de valores comunes en la administración pública descentralizada de Estonia y en la implementación del cambio. Para mejorar sus habilidades de liderazgo y promover valores comunes en todo el cuerpo de funcionarios, el Ministerio de Hacienda de Estonia en 2012 lanzó programas de desarrollo horizontal y coaching para jefaturas de nivel medio.

Ambos programas se basan en un marco de competencias de directivos intermedios que incluye cinco competencias básicas: desarrollo del área, liderazgo, desarrollo personal, gestión de procesos, comunicación y cooperación.

El programa integral de desarrollo para jefaturas de nivel medio (KAJA) ofrece una combinación única de apoyo al desarrollo, ejercicios prácticos y capacitación para asegurar el cumplimiento de los objetivos establecidos en el programa de desarrollo personal de cada participante. El programa tiene como objetivo desarrollar habilidades, conocimientos y cualidades que ayuden a las jefaturas de nivel medio a desempeñarse mejor en su posición y se esfuerza por unificar la comprensión del papel del gerente medio promoviendo la cooperación transorganizacional y creando redes de comunicación. El trabajo de grupo llevado a cabo dentro del programa incluye la solución conjunta de problemas concretos de formulación de políticas, contribuyendo a contribuir a las reformas que tienen lugar en tiempo real.

Recuadro 4.3. **Capacitación de directivos altos y medios en Estonia y Bélgica** (*cont.*)

El programa de coaching para jefaturas de nivel medio ofrece a los participantes la oportunidad de aprender de directivos experimentados, combinados con un enfoque personalizado para cada participante. Los principales beneficios del programa son la difusión del estilo de coaching en la gestión del sector público junto con las soluciones a los problemas de gestión de la vida real creados con la cooperación de entrenadores y aquellos siendo entrenados.

Bélgica: programas de desarrollo de liderazgo de Vitruvius y In Vivo

Los programas de desarrollo de liderazgo Vitruvius e In Vivo en Bélgica tienen como objetivo desarrollar las habilidades de liderazgo de las jefaturas y futuras jefaturas en todo el Gobierno Federal. Vitruvius es un programa de desarrollo de liderazgo para jefaturas intermedias en agencias del gobierno federal. Cada año, 60 jefaturas intermedias estratégicos son aceptados en el programa. In Vivo es un programa de liderazgo individual para 100 altos directivos anualmente.

El objetivo de los programas es mejorar la capacidad de las organizaciones públicas mediante el desarrollo de jefaturas clave estratégicas que contribuyan a establecer la cultura deseada de liderazgo orientado a los resultados. Cada organización designa a las jefaturas clave para cada programa.

Un enfoque de aprendizaje inductivo es una parte integral de estos programas, donde se anima a la autorreflexión. Cada participante cuenta con el apoyo de una cartera metodológica y "coaching de compañeros" para facilitar la transferencia del aprendizaje en la vida cotidiana.

Bélgica: apuesta por la gestión y la innovación

TIFA, el instituto de formación de la Autoridad Federal Belga, desarrolló un programa de capacitación para desarrollar habilidades en técnicas y herramientas de gestión. Su principal preocupación era desarrollar un programa directamente aplicable al lugar de trabajo, con un claro impacto en la institución. El programa está dirigido al apoyo a la gestión, a la gerencia intermedia y a los líderes de proyectos. Se centra en técnicas de gestión y herramientas tales como medición de trabajo, control interno, gestión del cambio, gestión de procesos y proyectos, acuerdos de gestión, gestión de la calidad y cuadros de mando.

Para cada técnica de gestión el programa ofrece tres tipos de capacitación: Autoservicio, Co-lab y Academia. El Autoservicio es una página web abierta con material de referencia que incluye artículos, listas de verificación, videos, enlaces útiles, ejercicios y casos seleccionados por los instructores del programa. Los Co-Labs son cursos interactivos de uno o dos días de capacitación que ya cuentan con los fundamentos de las técnicas de gestión. El objetivo es aprender de los demás a través de casos, ejercicios, retroalimentación y consejos prácticos. Para participar en un Co-lab, se requiere una prueba de ingreso para demostrar que se es capaz de administrar el material de autoservicio. La Academia ofrece apoyo experto con motivo de un proyecto concreto. Los equipos de proyecto pueden presentar su proyecto relacionado con una determinada técnica de gestión. Una vez seleccionados, se ofrece un año completo de capacitación y apoyo intensivo. El resultado: un proyecto sobre técnicas de gestión implementadas en su propia organización.

Un ejemplo de tal academia ofrecido por TIFA es la Academia Lean, donde los participantes eligen la oferta y componen su trayectoria de acuerdo a su experiencia y necesidades.

Los supervisores y los capacitadores son a su vez funcionarios federales incorporados en la práctica diaria. Transmiten los conocimientos disponibles a los alumnos.

Fuente: Información de los delegados de la PEM de Estonia y Bélgica.

Utilizando estos ejemplos como inspiración, la DNSC y el Laboratorio podrían integrar la innovación como un componente clave de un programa de capacitación para jefaturas públicas. Este programa beneficiaría tanto a los miembros del SADP como a los miembros de los niveles de gerencia intermedia, ya sea en forma conjunta o en versiones diferentes, y tendría que adoptar un enfoque combinado para aprender, dependiendo en gran medida del aprendizaje experencial y la reflexión, casos de estudio y la capacitación práctica (véase el capítulo 1).

Un primer paso sería realizar un análisis en profundidad de las necesidades de capacitación que se basara en el análisis realizado durante este proceso de revisión, recopilar más información sobre la cultura organizacional en los diferentes ministerios (véase el capítulo 2, sección sobre cultura organizacional), diferentes estilos de liderazgo, estrategia organizacional y necesidades individuales de capacitación. Esta capacitación requiere de análisis y de un programa de capacitación posterior para jefaturas, el que podría llevarse a cabo por la DNSC con el apoyo del Laboratorio, que parece estar en la mejor posición para identificar a los capacitadores y eventualmente proporcionar el programa de capacitación conjuntamente.

También se podría integrar un módulo específico sobre liderazgo para la innovación en el marco de una capacitación periódica sobre el liderazgo. Por ejemplo, los desafíos para la DNSC en 2016 (como se destaca en el Balance de Gestión Integral 2015 publicado por DIPRES) incluyen la implementación de un Modelo de Desarrollo de Directivos Públicos y diseño e implementación de un sistema piloto de capacitación para el liderazgo público. Estos cursos de capacitación incluyen capacitación en liderazgo, creación de redes y confianza, y el liderazgo para la innovación podría ser desarrollado como un módulo adicional en el programa de capacitación.

Mientras que el desarrollo de los altos directivos es importante, las jefaturas intermedias y los supervisores directos tienen potencialmente un mayor impacto motivacional en sus servidores públicos, y la calidad de esta relación es fundamental para motivar al personal y comprometer su creatividad. Además, las jefaturas intermedias deben ser consideradas como potenciales altos directivos en desarrollo. Algunos de los mecanismos que apuntan a apoyar los procesos de innovación de abajo hacia arriba como Experimenta, también podrían utilizarse para apoyar a los mandos intermedios creando un espacio adicional para que se conozcan, desarrollen sus habilidades y discutan los desafíos que enfrentan. De esta manera, tanto Bélgica como Estonia alinean la capacitación y el desarrollo de la dirección intermedia con sus programas de liderazgo para asegurar que ambos estén alineados entre sí.

Reconociendo que el aprendizaje no se limita a la capacitación formal, las redes para administradores también pueden ser eficaces para ayudar a las jefaturas a traducir el mandato presidencial de innovación en innovaciones concretas a nivel institucional. Si bien la Red de innovadores parece ser un espacio natural para esto, se podría anticipar a tener una "sub-red" especial para las jefaturas. Por ejemplo, Dinamarca cuenta con una red dedicada a la innovación orientada a las jefaturas, que también incluye un espacio confidencial para compartir las partes difíciles de los procesos de innovación y facilitar debates abiertos sobre posibles soluciones.

Dado que la innovación es un proceso de aprendizaje constante, los administradores de los proyectos de innovación podrían beneficiarse del apoyo y la capacitación en diversos momentos del ciclo de vida de un proyecto. Algunos organismos públicos del gobierno central de Chile ya han establecido unidades de innovación a nivel institucional que podrían desempeñar un papel en el apoyo a los mandos intermedios. Actualmente, la

OCDE conoce seis ministerios que han creado sus propias unidades de innovación: Obras Públicas, Vivienda y Desarrollo Urbano, SEGPRES, Economía, Finanzas e Interior. Algunas instituciones de niveles inferiores también han creado tales unidades; este es el caso de la Gendarmería, el Fondo de Solidaridad e Inversión Social (FOSIS), el Servicio de Agricultura y Ganadería, el Consejo para la Transparencia, CODELCO, Subsecretario de Desarrollo Regional y Subsecretaría de Transportes.

Podría haber una oportunidad de reunir a estas unidades para compartir prácticas y ejemplos de los éxitos y las dificultades de las interacciones que tienen con las jefaturas y para unir recursos, conocimientos y habilidades relacionados con el coaching de gestión orientado a la innovación.

En cuarto lugar, algunos países de la OCDE integran la innovación en los criterios de evaluación del desempeño. Desarrollar objetivos de desempeño que fomenten la toma de riesgos seguros o la experimentación o que recompensen el comportamiento orientado a la innovación pueden ser algunas de las maneras de mejorar la motivación para innovar en una organización, vinculando la innovación con el avance profesional. Canadá, por ejemplo, ha incluido la innovación en su perfil de Competencia de Liderazgo Clave, y los líderes son evaluados para promover la innovación y guiar el cambio.

Recuadro 4.4. **Competencias clave de liderazgo de Canadá**

Los líderes desempeñan un papel fundamental en la creación y el mantenimiento de un servicio público moderno, conectado y de alto rendimiento que es ético, profesional y no partidista.

Las Competencias Clave de Liderazgo definen los comportamientos esperados de los líderes en el Servicio Público de Canadá en seis áreas: Crear Visión y Estrategia, Movilizar a la Gente, Mantener la Integridad y el Respeto, Colaborar con Socios y Partes Interesadas, Promover la Innovación y Orientar el Cambio y Alcanzar Resultados. Este perfil de competencias sirve como base para la selección, aprendizaje y desarrollo, desempeño y gestión de talentos de los ejecutivos y otros altos líderes. Al comienzo del año fiscal, las jefaturas de los ejecutivos establecen las expectativas de desempeño y comportamiento, en base a las prioridades departamentales y del Gobierno de Canadá y la demostración esperada de las Competencias Claves de Liderazgo. Al final del año fiscal, las jefaturas deben evaluar los resultados alcanzados por el ejecutivo, incluyendo cómo el ejecutivo promovió la innovación.

Entre otras cosas, las jefaturas deben considerar cómo el ejecutivo demostró el valor y la resistencia para desafiar la convención; creó un ambiente que apoyaba el pensamiento audaz, la Experimentación y toma de riesgo inteligente; utilizó retrocesos como una valiosa fuente de conocimiento y aprendizaje; tomó cambio en su paso, alineó y ajustó los hitos y metas para mantener el impulso hacia adelante. La evaluación de fin de año de los ejecutivos sirve como base para las decisiones de calificación de desempeño y la remuneración basada en el desempeño. (Fuente: Consejo de la Tesorería de Canadá)

Fuente: información del delegado canadiense de la PEM https://www.canada.ca/en-treasury-board-secretariat/services/professional-development/key-leadership-competency-profile/examples-effective-ineffective-behaviours.html.

Conclusiones y recomendaciones

Creando una visión e integración de la innovación a través de toda la administración chilena

- Los altos directivos desempeñan un papel integral en el establecimiento, la comunicación y la valoración de la innovación en su organización, creando de hecho la oportunidad y el espacio para la innovación. Chile podría considerar desarrollar una visión o agenda de todo el gobierno para la innovación del sector público, para construir una narrativa común para que los líderes públicos lo alineen a sus acciones. Para que sea eficaz, la visión debe incorporar los aportes y puntos de vista de un amplio conjunto de líderes públicos, basarse en principios y aspiraciones, y dejar espacio para la innovación de los líderes públicos en la aplicación de sus principios. También debe vincularse con el trabajo actual y en curso sobre el desarrollo del servicio público.

Cómo los líderes pueden crear espacio y apoyo para una mayor innovación en la administración pública

- El sistema ADP, administrado por la DNSC, es una reconocida mejor práctica en reclutamiento de ADP basados en competencias y asegura un alto nivel de capacidad en el liderazgo público de Chile, y deberá ser fortalecido por la implementación de la Ley No. 20.955 / 2016. La existencia de innovación y flexibilidad en el marco de competencias ofrece una oportunidad para discutir y perfeccionar esta competencia hacia una definición más clara de lo que esto significa en la práctica. Posteriormente, esto puede reforzarse a través de la gestión y el desarrollo del rendimiento.
- El desarrollo de un liderazgo estable y sostenible con las habilidades adecuadas para gestionar la innovación no debe pasarse por alto al considerar la sostenibilidad de la alta rotación de los altos directivos que sólo permanecen en sus posiciones en un promedio de dos a tres años haciendo que sea aún más importante considerar a las jefaturas intermedias como elementos clave para apoyar la innovación de abajo hacia arriba. La DNSC y el Laboratorio deberían involucrar a más jefaturas intermedias en actividades de innovación, por ejemplo en la preparación de pautas para la contratación, evaluación de desempeño o capacitación. Un período de movilidad a corto plazo en una organización pública diferente podría utilizarse para sensibilizar a los directivos sobre la innovación pública y también para facilitar la transferencia de competencias de un equipo a otro.
- Aunque los planes actuales de la Agenda de Innovación para Jefaturas públicas sólo anticipan la participación de las jefaturas en la red de Innovadores, el diseño de un programa de capacitación para jefaturas públicas de alto nivel y medio podría aportar una mayor contribución y señal de compromiso con el desarrollo de habilidades de liderazgo para la innovación. Tal programa de capacitación podría ser desarrollado por el Laboratorio y la DNSC.
- Una red de líderes de alto nivel puede proporcionar un foro para compartir experiencias prácticas sobre la creación de espacio para la innovación dentro de las organizaciones, y también para discutir temas y desafíos de innovación compartida. También puede utilizarse como un espacio para colaborar en proyectos de demostración que exploren y tipifiquen nuevas formas de trabajo y puedan contribuir a iniciativas interinstitucionales para fomentar una cultura de innovación.

Bibliografía

Beauchamp, Glenys (2015), "Innovation Month and Supporting Innovation Across the APS", Australian Government, Public Sector Innovation, http://innovation.govspace.gov.au/2015/07/06/innovation-month-and-supporting-innovation-across-the-aps/.

Hazlehurst, D. (30 March 2016), "Sixth Meeting of the Innovation Champions Group", Australian Government, Public Sector Innovation, http://innovation.govspace.gov.au/2016/03/30/sixth-meeting-of-the-innovation-champions-group/.

Ministerio de Hacienda (2015), Balance de Gestión Integral, Año 2015, Dirección Nacional del Servicio Civil, disponible en: http://www.dipres.gob.cl/595/articles-147110_doc_pdf.pdf.

OECD (2017), *Fostering Innovation in the Public Sector*, OECD Publishing, Paris, http://dx.doi.org/10.1787/9789264270879-en.

OECD (2016), *Engaging Public Employees for a High-Performing Civil Service*, OECD Public Governance Reviews, OECD Publishing, Paris, http://dx.doi.org/10.1787/9789264267190-en

OECD (2015), *The Innovation Imperative in the Public Sector: Setting an Agenda for Action*, OECD Publishing, Paris, http://dx.doi.org/10.1787/9789264236561-en.

Roberts, A. (15 February 2016), "Innovation Behaviours for the Public Service – beta version", Australian Government, Public Sector Innovation, http://innovation.govspace.gov.au/2016/02/15/innovation-behaviours-for-the-public-service-beta-version/.

Treasury Board Canada, Key Leadership Competency profile and examples of effective and ineffective behaviours, www.canada.ca/en/treasury-board-secretariat/services/professional-development/key-leadership-competency-profile/examples-effective-ineffective-behaviours.html.

Capítulo 5

Creando una fuerza de trabajo del sector público preparada para la innovación en Chile

Este capítulo hace un balance de los esfuerzos en curso en el sector público chileno para crear capacidades para innovar en el sector público y traza un camino hacia adelante. La innovación del sector público involucra diferentes áreas que tienen interrelaciones complejas. Como tal, fomentar la innovación requiere el desarrollo de enfoques paralelos y complementarios por parte de los diferentes actores. En este sentido, esta sección sugiere un camino para tres de las instituciones que desempeñan un papel importante en la innovación del sector público: el Laboratorio de Gobierno, cuyo mandato es fomentar las capacidades de innovación del sector público a través del gobierno; la Dirección Nacional del Servicio Civil, por su papel central en la contratación, el desarrollo y la gestión de los funcionarios públicos; y todos los líderes y jefaturas públicas de la administración pública chilena, que son fundamentales para implementar el cambio y liberar el potencial de los innovadores.

La habilitación y el apoyo a la innovación del sector público al abordar las capacidades, las motivaciones y las oportunidades de innovación de la fuerza laboral están surgiendo como una prioridad actual y futura en muchos países de la OCDE. Sin embargo, la base de la evidencia de lo que funciona y cómo se puede lograr esto todavía está subdesarrollada. Este informe ha identificado algunas prácticas emergentes diseñadas para contribuir a una fuerza laboral del sector público más innovadora en Chile y en el extranjero. En el futuro, se requerirá una cuidadosa atención para implementar, mantener, monitorear y evaluar estas prácticas con miras a desarrollar una guía para los responsables de la formulación de políticas cuando planifiquen actividades destinadas a mejorar el lugar de la innovación en el sector público y hacerlo sistemático.

Como sugiere el marco Habilidades - Motivaciones - Oportunidades, la innovación del sector público involucra diferentes áreas que tienen interrelaciones complejas, pasando de la contratación al desarrollo de los funcionarios, de los premios a la innovación a las redes de innovadores, del fortalecimiento de una cultura de organización colaborativa al desarrollo de la capacidad para liderar la innovación. Como tal, fomentar la innovación requiere el desarrollo de enfoques paralelos y complementarios por parte de los diferentes actores. En este sentido, esta sección presenta una serie de conclusiones para tres de los principales actores que desempeñan un papel importante en la innovación del sector público: el Laboratorio, cuyo mandato es fomentar la innovación pública a través del gobierno; la DNSC, por su función central en la contratación, el desarrollo y la gestión de los funcionarios públicos; y todos los líderes y jefaturas públicas de la administración pública chilena, que son fundamentales para implementar el cambio y liberar el potencial de los innovadores.

El Gobierno de Chile: desde la aceleración a la institucionalización de la innovación del sector público

La innovación en el sector público no ocurre por sí sola; el gobierno central tiene un papel importante en la creación de un entorno propicio para la innovación y promueve la condición de habilitación para que los funcionarios públicos presenten soluciones novedosas. Como proceso de transformación, la innovación requiere el dominio de herramientas y métodos específicos que los servidores públicos pueden utilizar para navegar desde el descubrimiento de desafíos y la generación de ideas hasta la implementación final. Los métodos y procesos están en flujo constante y evolucionan a medida que la práctica se extiende a varios dominios de políticas. Para tener éxito en la innovación, los gobiernos deben hacer de la innovación la regla no la excepción, creando conductos permanentes para incorporar estas prácticas en los sistemas operativos de las organizaciones del sector público. El Laboratorio está haciendo un buen trabajo para crear una mayor conciencia del potencial del uso de la innovación para cambiar la política y la prestación de servicios en Chile y actuar como un demostrador del impacto positivo de la innovación en la vida cotidiana de los ciudadanos. Al moverlo, sería aconsejable que el gobierno chileno hiciera un balance de las muchas iniciativas de innovación a través del gobierno y fortalecer los esfuerzos para difundir más lecciones y tomar acciones para incorporar enfoques innovadores en el ADN de los organismos del sector público hacia la corriente principal. En sus esfuerzos por institucionalizar la innovación en las políticas y prácticas del sector público, el gobierno de Chile podría considerar las siguientes acciones:

- Reflexionar sobre la oportunidad de una estrategia de innovación del sector público de todo el gobierno que identifique los objetivos clave intergubernamentales vinculados con el Programa Presidencial; apoyando una mayor experimentación y estableciendo las condiciones para ello; creando incentivos para el uso de métodos e instrumentos innovadores para resolver los desafíos públicos.

- Asegurarse de que exista un órgano de alto nivel apropiado para asegurar la coordinación de esta estrategia y la participación del nivel superior de las organizaciones gubernamentales. Este órgano deberá garantizar la priorización continua, la coordinación de la acción y el intercambio de aprendizajes en toda la administración. También se le podría encomendar la tarea de preparar la estrategia de innovación del sector público. Este órgano de alto nivel debería estar estrechamente vinculado con la agenda del gobierno y atraer a los miembros de los principales actores gubernamentales en este campo.
- Posicionar al Laboratorio como la Unidad de Innovación Gubernamental y desarrollar su capacidad para relacionar estrechamente sus actividades con la agenda y las prioridades políticas del Gobierno; desarrollar una narrativa convincente comunicando sus éxitos dentro del gobierno; apoyar eficazmente las unidades de innovación y los proyectos en todo el gobierno en el uso de métodos e instrumentos innovadores.

Laboratorio de Gobierno: brindar a los funcionarios públicos oportunidades para innovar

El imperativo de la innovación ha experimentado la proliferación de diferentes formas de unidades de innovación, equipos y organizaciones en los gobiernos de la OCDE, surgiendo como expresión institucional de la voluntad y necesidad de integrar la innovación en la maquinaria y las formas de trabajo del sector público. En general, estas unidades reúnen una diversidad de conjuntos de habilidades y enfoques de una amplia variedad de disciplinas, que van desde la política pública hasta la antropología y el diseño (OCDE, 2017). A menudo, el objetivo de estas unidades o equipos es encontrar soluciones a los problemas que se resisten a los enfoques tradicionales del sector público mediante la obtención de un nivel más profundo de comprensión del asunto. Sin embargo, sus actividades también tienden a incluir cursos de capacitación y talleres para funcionarios públicos, así como asesoramiento o orientación para ministerios y agencias. Cada vez más, se espera que estos equipos o unidades promuevan una cultura de innovación en sus respectivas áreas de trabajo y difundan el uso de nuevos métodos, procesos y enfoques para repensar el funcionamiento de las organizaciones públicas.

De esta manera, el Laboratorio de Gobierno de Chile puede posicionarse dentro de un nuevo movimiento de intervención gubernamental, que tiende a incidir en las capacidades, motivaciones y oportunidades de innovación de los funcionarios públicos. Tomando los análisis de los tres capítulos principales, emergen una serie de temas que apuntan hacia un papel del Laboratorio para promover cada uno de los tres temas:

- **Habilidades:** Además de los programas regulares de capacitación, el *Laboratorio* ha creado el programa **Experimenta** para desarrollar habilidades de innovación en un grupo seleccionado de servidores públicos. Este programa tiene un gran potencial para desarrollar las destrezas de los funcionarios para la innovación a través de un enfoque de aprender-haciendo. Sin embargo, el programa es nuevo y, en sí mismo de muchas maneras, un experimento. Ser capaz de monitorear la implementación del programa y medir su impacto será crucial para demostrar su valor e identificar deficiencias y hacer ajustes. Además, documentar la experiencia y crear formas de compartir los resultados más ampliamente ayudaría a difundir los beneficios y lecciones y a generar interés entre un grupo más grande de funcionarios públicos.

 – Recomendación: Tomar medidas para desarrollar una metodología para monitorear y medir el impacto de Experimenta al inicio y después de que el programa haya terminado. Identificar maneras de difundir este enfoque a grupos más grandes de funcionarios públicos más allá de los participantes.

- **Motivación**: La red de innovadores es una herramienta importante para reconocer el apoyo y motivar a los innovadores, pero todavía necesita pasar de su fase inicial de implementación a demostrar su valor a sus miembros. Las actividades de la Red de Innovadores Públicos podrían incluir actividades de aprendizaje, por ejemplo, eventos nacionales (como el Encuentro Nacional de Innovadores Públicos programada para abril de 2017) o talleres más pequeños (como el lanzamiento de la red en noviembre de 2015), orientados hacia el desarrollo de habilidades específicas y el intercambio de conocimientos. Finalmente, la red podría ser utilizada para promover la implementación de innovaciones directamente inspiradas en ejemplos de la administración pública chilena. Por ejemplo, un esquema de tutoría podría reunir a los innovadores actuales y futuros.

  – Recomendación: Establecer claras "reglas de compromiso" entre el Laboratorio y los miembros de las redes, detallando las responsabilidades, los modos de participación y los beneficios esperados para sus miembros. Estas reglas deben identificar claramente el papel del Laboratorio en el apoyo a esta red y cómo sus actividades deben ser realineadas para apoyar a los miembros de la red. Estas reglas podrían definirse de manera colaborativa, comprometiendo la red con el Laboratorio en un ejercicio de co-creación. Las posibles direcciones de la Red de Innovadores Públicos plantean interrogantes sobre el papel del Laboratorio en el apoyo a esta red: cuál debe ser el alcance de sus actividades frente a los miembros de la red (por ejemplo, la propiedad) y cómo asegurar que el Laboratorio continúe apoyando a medida que crece la red

- **Oportunidades**: El Laboratorio convoca a funcionarios interesados en la innovación y debe contribuir a las discusiones de alto nivel sobre el desarrollo de una visión común, y un puesto de ADP con las habilidades y motivaciones para garantizar a sus servidores públicos oportunidades de innovar.

  – Recomendación: Asegurar que el Laboratorio esté capacitado para aportar un aporte sustantivo en la formación de una agenda de innovación de todo el gobierno que se base en las ideas y el conocimiento construido a través del aprendizaje y los programas de entrenamiento. Establecer un mecanismo para difundir sistemáticamente lecciones y resultados de la intervención innovadora y de la capacitación hacia el exterior y también hacia arriba, hacia los líderes de los más altos niveles.

A medida de que el Laboratorio hace un balance de su potencial papel en la contribución a las Habilidades, Motivaciones y Oportunidades de los funcionarios para innovar, el Gobierno de Chile también debe preguntarse qué tipo de laboratorio es necesario para cumplir con estas expectativas. La forma en que el Laboratorio está funcionando actualmente para construir las capacidades de los funcionarios para innovar es similar a otros laboratorios gubernamentales en los países de la OCDE:

- El Laboratorio de Innovación OPM de los Estados Unidos sirve a todo el gobierno federal con un enfoque en la creación de capacidades de diseño innovadoras en la fuerza de trabajo y lo hace mediante alianzas con instituciones para permitir a los servidores públicos aprender capacidades de diseño innovadoras a través de la experiencia (recuadro 5.1).
- DesignGov en el gobierno federal australiano, el que era un piloto de 18 meses de un laboratorio de innovación de todo el gobierno, tenía la misión de "construir la capacidad de innovación en el APS y proporcionar mejores resultados a través de la resolución de problemas aplicados, incluyendo la interfaz entre el APS, otras jurisdicciones y proveedores, y los usuarios de servicios". Esto se implementó a través de flujos de activos que se centran, por ejemplo, en la creación de capacidad entre los funcionarios a través de enfoques diseñados por el diseño (recuadro 5.2).

La mayoría de estos "ejemplos clásicos de Laboratorios de gobierno" a menudo trabajan sobre una base de proyecto, donde los laboratorios se asocian con ciertos departamentos para diseñar, desarrollar e implementar intervenciones innovadoras para aumentar el valor para los ciudadanos o el usuario. Dicho esto, estas instituciones están explorando cada vez más cómo pueden difundir la innovación más ampliamente a través del gobierno, en contraposición a los proyectos de innovación dirigidos. Esto significa integrar los métodos de innovación y el trabajo innovador en rutinas diarias, en las consideraciones de formulación de políticas, y cuando se desarrolla o reevalúa la forma de prestar servicios a los ciudadanos y las empresas.

Algunos laboratorios gubernamentales están abordando este reto creando vínculos más fuertes con el ejecutivo. Por ejemplo, el Hub Central de Innovación de Canadá ha experimentado un cambio del apoyo a proyectos a un posicionamiento en la función de prestación y resultados en el centro del gobierno, ofreciendo un argumento más sólido para usar diferentes herramientas como parte del pensamiento general de los funcionarios al desarrollar políticas y servicios y en la entrega de resultados para los ciudadanos (recuadro 5.3).

Otros laboratorios como MindLab en Dinamarca han evolucionado considerablemente con el tiempo hasta un modelo que se basa plenamente en la incorporación de una cultura de innovación entre el líder y dentro de la administración. En este sentido, el Laboratorio establece esto como su principal objetivo, y luego considera qué tipo de intervenciones puede lograr, lo cual puede variar (recuadro 23). Este modelo de organización basado en el propósito se construyó con el tiempo y fue altamente dependiente de la trayectoria que se formó a través de los años y la confianza que se acumuló con los dueños del laboratorio. MindLab está comenzando a rastrear y medir cómo sus intervenciones están llevando a cambios de comportamiento y cambios culturales dentro de la administración a través de un enfoque cualitativo llamado signos de éxito (recuadro 5.4).

El laboratorio francés Futurs Publics trabaja estrechamente para mantener la difusión de métodos y enfoques innovadores en todo el sector público. Esto se hace a través de programas de financiamiento como los "Laboratorios de Innovación Territorial", cuyo objetivo es adaptar, desarrollar y difundir nuevas formas colaborativas de trabajo con los organismos locales de los órganos del gobierno central. Este modelo vincula los mecanismos de financiamiento (como parte del Programa de Inversiones Futuras) para fortalecer las capacidades de las oficinas locales para operar como laboratorios de innovación.

El Laboratorio ha logrado una primera etapa de desarrollo, donde su principal objetivo es dar a los funcionarios la oportunidad de aprender y utilizar métodos e instrumentos innovadores a través de un entorno controlado (es decir, la primera generación en términos de la clasificación MindLab). El Laboratorio deberá ahora considerar cómo su papel evolucionará y madurará como una institución a través del tiempo, en particular pasando de promover la comprensión de nuevos métodos y habilidades y ayudar a las organizaciones del sector público a incorporarlas en su entorno operativo. Esto requerirá que el Laboratorio:

- Reevalúe su entorno de trabajo y evalúe cómo debe evolucionar su misión para continuar promoviendo una cultura organizacional que valore la innovación.
- Fomentar vínculos más fuertes con las unidades de innovación de otros ministerios o agencias donde existan y / o apoyen a los innovadores en sus esfuerzos por desarrollar capacidades de innovación en sus propias organizaciones.

A medida que evolucione el papel y el propósito del *Laboratorio*, también será importante alinear sus propias habilidades y capacidades con los nuevos y cada vez mayores roles que asumen como institución y las nuevas misiones que establecen. Esto se relaciona tanto con las nuevas misiones y programas inmediatos que el Laboratorio asume cada vez más (por ejemplo, *Experimenta*), como también con el papel y la misión del Laboratorio que evoluciona con el tiempo. Como se ve en la evolución de MindLab, las capacidades necesarias en el laboratorio durante su primera generación no necesariamente coinciden con los perfiles de personal necesarios en la tercera generación del laboratorio. Estos perfiles ahora incluyen un mayor énfasis en habilidades de comunicación y personal con capacidades de asesoría senior para trabajar con los socios propietarios para alinear y determinar el alcance de los proyectos. Si bien la primera generación de MindLab se centró en gran medida en la contratación de personal con habilidades de diseño, la experiencia ha demostrado que el personal con experiencia en el sector público y los que saben navegar y asesorar a los líderes del sector público puede ser beneficioso. Con este fin, el *Laboratorio* podría considerar:

- Garantizar que las propias habilidades y capacidades del Laboratorio estén alineadas con las actuales misiones y programas en expansión (es decir, en los perfiles y recursos del personal).
- Planificar las habilidades y capacidades que el Laboratorio requerirá para cumplir con el nuevo modelo y misión del Laboratorio, que sin duda evolucionará con el tiempo.
- Identificar las herramientas y mecanismos para promover el desarrollo y la difusión de las capacidades de laboratorio en todo el sector público.

A corto plazo, el Laboratorio podría también considerar desarrollar y presentar medidas cualitativas de su éxito hasta la fecha (similar a los ejemplos canadienses y daneses) como herramienta de comunicación para demostrar los éxitos del Laboratorio hasta ahora, y también como un manera de mejorar la comprensión de las actividades del laboratorio entre los funcionarios. La actividad en sí misma es también un buen punto de partida para discutir cómo sería el éxito y qué signos cualitativos buscaría el Laboratorio para demostrar que sus intervenciones son exitosas y están demostrando impacto.

Esto puede requerir reflexionar sobre la gobernanza del Laboratorio ahora y en el futuro para asegurarse de que es apto para el propósito, ya que las evoluciones en el papel del laboratorio pueden sugerir otros modelos. Las preguntas que surgen pueden incluir lo siguiente:

- La razón de ser de la formación del consejo era seleccionar a los ministerios estratégicos y transversales para que fueran dueños de la dirección del laboratorio. Sin embargo, a diferencia de la gobernanza de MindLab en el gobierno danés, los propietarios no son los clientes del laboratorio, sino que son responsables de tomar decisiones sobre sus orientaciones y objetivos estratégicos. Si bien este posicionamiento permitió que el Laboratorio tuviera mayor influencia en el gobierno y disfrutara de un mayor nivel de colaboración, especialmente durante sus primeros años, debería considerarse hasta qué punto este modelo permite tomar decisiones rápidas y la capacidad de cambiar rápidamente de dirección cuando sea necesario.
- La participación de la sociedad civil es una característica única en la gobernanza de la Junta, demuestra la apertura del gobierno en el establecimiento de la agenda y da legitimidad externa a las acciones del Laboratorio. Sin embargo, debería considerarse si una mayor participación no gubernamental es adecuada para albergar ideas estratégicas entre gobiernos y cómo explicar los niveles desiguales de rendición de cuentas en relación con las deliberaciones del consejo, especialmente cuando se trata de iniciativas pioneras en áreas políticas sensibles.

Recuadro 5.1. **El laboratorio de Innovación de la Oficina de Administración de Personal de los Estados Unidos (OPM)**

El Laboratorio de Innovación OPM de los Estados Unidos sirve a todo el gobierno federal con un enfoque en la construcción de capacidades de diseño innovadoras en la fuerza de trabajo. Actualmente, el Laboratorio se rige por las estructuras de gestión interna de OPM y está situado en la división de Recursos Humanos, que ofrece productos y servicios de recursos humanos a todo el Gobierno Federal y alberga al Centro de Desarrollo de Liderazgo entre otros. Durante los dos primeros años de creación, el laboratorio fue financiado por la OPM y fue una institución directamente para el uso de la OPM.

A partir de enero de 2015, el Laboratorio se trasladó a un modelo de recuperación de costos, donde ahora se asocia con instituciones de todo el gobierno para llevar a cabo proyectos sobre una base de pago por servicios. El número de servidores públicos de tiempo completo ha crecido de aproximadamente 4-5 en su inicio a 15 en la actualidad, con este número aún en aumento. El equipo es diverso, proveniente del sector privado y público, pero principalmente tienen antecedentes de diseño.

El laboratorio orienta sus actividades con la misión de liderar / hacer / enseñar, participar en proyectos con una variedad de instituciones gubernamentales, así como ofrecer cursos de capacitación y sesiones de información personalizadas. Algunos de los proyectos en curso con instituciones asociadas incluyen el rediseño del portal público que publicita los empleos del gobierno (empleos en Estados Unidos), dos proyectos con Asuntos de Veteranos y un proyecto transversal en la OPM para crear capacidad a través del gobierno para el servicio al cliente, el que es un objetivo fijado al más alto nivel de gobierno.

En términos de evaluación del impacto y los resultados de su trabajo y proyectos, el Laboratorio busca resultados concretos como ahorros de costos y asociaciones formadas o número de personas alcanzadas. Por ejemplo, el laboratorio tiene un personal dedicado a decidir sobre medidas de desempeño para ciertos proyectos, en colaboración con los socios del proyecto. Para talleres más amplios y cursos de capacitación, el laboratorio también mide la satisfacción del cliente y obtiene retroalimentación a través de encuestas al final de las clases.

Fuente: Entrevista con Laboratorio de Innovación de la OPM de EE.UU.

Recuadro 5.2. **Australia: DesignGov**

DesignGov fue un piloto de 18 meses de un laboratorio de innovación de todo el gobierno que se desarrolló entre julio de 2012 y diciembre de 2013. El piloto fue aprobado por los secretarios de cartera del Servicio Público Australiano (APS) y fue dirigido por el Departamento de Industria con apoyo (activo o en especie) de una serie de otras agencias gubernamentales.

La misión de DesignGov, tal como se establece en su documento de la Carta, era "inspirar la creatividad, la innovación y un enfoque más centrado en el ciudadano a través de la consulta, colaboración y co-diseño". Era "construir capacidad de innovación en el APS y entregar mejores resultados a través de la resolución de problemas aplicados, incluso en la interfaz entre el APS, otras jurisdicciones y proveedores, y los usuarios de los servicios ".

DesignGov fue supervisado por una Junta de alto nivel y, a través de ella, informó a los Secretarios de la Cartera. Tenía cuatro corrientes de actividad incluyendo:

- Proyectos de demostración
- Participación, educación y sensibilización
- Construcción de capacidades, metodologías y herramientas
- Marco operativo, gobernanza e informes.

El principal proyecto de demostración de DesignGov fue "cómo podemos mejorar drásticamente las interacciones entre empresas y gobiernos" e involucró una serie de talleres, entrevistas con empresas, servidores públicos e intermediarios y respuestas a encuestas. Utilizando un enfoque basado en el diseño, DesignGov publicó una serie de conclusiones y recomendaciones sobre cómo la interacción entre las empresas y el gobierno podría ser reformulada y mejorada. Se trabajó inicialmente en el desarrollo de prototipos de las cinco áreas de recomendación.

El experimento de DesignGov se cerró en diciembre de 2013 al final del período de prueba.

Fuente: DesignGov, http://design.gov.au/.

Recuadro 5.3. **El Hub Central de Innovación de Canadá**

El Hub Central de Innovación lleva casi un año y medio funcionando y está ubicado en la Oficina del Consejo Privado, que es el departamento del Primer Ministro y sirve como el principal espacio político para la Oficina del Primer Ministro. El Hub se estableció para mejorar el conocimiento de los enfoques e instrumentos políticos innovadores y apoyar directamente el desarrollo y la aplicación de programas y servicios innovadores en todo el gobierno. El Hub pronto pasará a la función de resultados y entrega dentro de la Oficina del Consejo Privado, permitiendo que su trabajo esté más estrechamente relacionado con las áreas prioritarias del gobierno y ayudando de manera importante a enfatizar que la innovación y el uso de diferentes herramientas deben ser parte de como los funcionarios públicos piensan de forma generalizada al entregar resultados para los ciudadanos.

Los objetivos del Hub están estrechamente alineados con varios de los compromisos del Gobierno y pueden servir como una herramienta clave para avanzar en esta agenda. Por ejemplo, el Gobierno ha hecho hincapié en la importancia de mejorar la implementación mediante mejores vínculos entre asesoramiento en materia de políticas, diseño y ejecución de programas; una política más abierta y transparente; instrumentos políticos innovadores e instrumentos de financiación; experimentación de programas; y el desarrollo de políticas basadas en evidencia.

Recuadro 5.3. **El Hub Central de Innovación de Canadá** (*cont.*)

El Hub tiene actualmente tres áreas principales de práctica: conocimientos de comportamiento, datos y diseño. Atravesando estas áreas está el "desarrollo de políticas para estimular la innovación", donde el Hub trabaja para proporcionar la lógica de la política y crear espacio para que el gobierno persiga enfoques más innovadores en el desarrollo y la implementación de políticas.

A través de estas áreas de práctica, el Hub ha orientado su trabajo a incorporar tres objetivos horizontales para actuar como:

- Un recurso- facilitando el acceso a información sobre mejores prácticas y nuevas herramientas, enfoques y técnicas;
- Un conector - estableciendo redes y asociaciones entre los jefes de proyecto y los recursos para acelerar el trabajo departamental; y
- Un catalizador de la innovación - trabajando con el departamento para identificar y apoyar proyectos con potencial de impacto a gran escala y evaluar y documentar los resultados con el fin de obtener beneficios de todo el sistema de las lecciones aprendidas.

En concreto, el Hub trabaja con agencias en proyectos específicos -ya sean actividades generales (como talleres informativos de dos horas sobre la aplicación de una herramienta en el trabajo de los participantes) a proyectos de nueve meses que trabajan con un departamento. El equipo del Hub tiene seis servidores públicos de tiempo completo con dos o tres turnos en base al proyecto.

Después de su primer año de funcionamiento, el Hub elaboró un informe de evaluación centrado en los resultados de la innovación inicial y los esfuerzos realizados (véase a continuación). Si bien el Hub tiene la intención de desarrollar métricas más específicas para evaluar su impacto, la visualización de los primeros indicadores de éxito podría resultar ser una herramienta de comunicación útil para ser usada a través del gobierno.

Los primeros indicadores de éxito

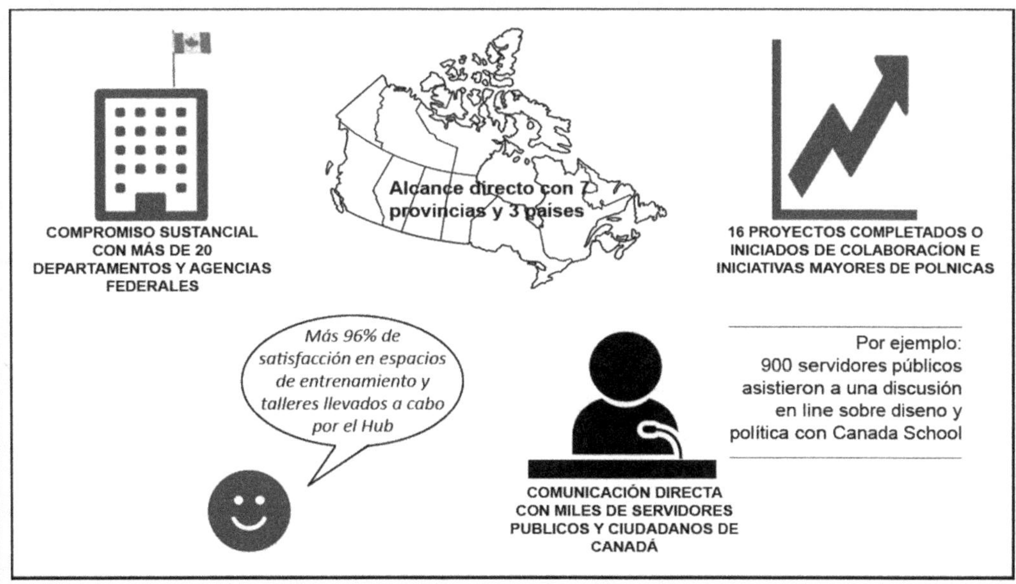

Fuente: El Gobierno de Canadá http://www.pco-bcp.gc.ca/docs/innovation/rpt3/docs/rpt-eng.pdf.

Recuadro 5.4. **MindLab Dinamarca**

MindLab es una co-propiedad y es financiado por cuatro organizaciones públicas: el Ministerio de Negocios y Crecimiento, el Ministerio de Educación, el Ministerio de Empleo y el Ayuntamiento de Odense. El Laboratorio sirve a estas instituciones desarrollando proyectos con las que cumplen el objetivo principal del Laboratorio: incorporar una cultura de innovación entre los líderes y dentro de la administración. Si bien las necesidades de los socios propietarios de MindLabs varían, la orientación estratégica del laboratorio es dada por el consejo de administración que consiste en los secretarios permanentes de las cuatro organizaciones. Esto ha tomado recientemente la forma de "papeles de la ambición", que son desarrollados por los socios propietarios y por MindLab, y procuran fijar la ambición para el laboratorio sobre un período de tres años, incluyendo qué cambios se esperan, más que KPI (indicadores claves de desempeño) específicos. Estos documentos de ambición también forman la base para la discusión estratégica sobre la selección de proyectos de MindLab en los próximos tres a seis meses, donde los proyectos también deben tener en cuenta la ambición de afectar a los ciudadanos. MindLab ayuda a facilitar proyectos específicos, pero los propietarios del proyecto son la agencia relevante, ya que son los que hacen el cambio.

El modelo actual de MindLab - que está orientado al propósito - ha evolucionado considerablemente desde el inicio del laboratorio. La evolución del laboratorio se podría pensar de la siguiente manera:

- 1ª generación de MindLab se centró en métodos y herramientas específicas para la innovación
- 2ª generación de MindLab se centró en el usuario y en el diseño, teniendo una visión más amplia de las necesidades del ciudadano
- 3ª generación (modelo actual) de MindLab está basada en el propósito y se centra en investigar y desarrollar el comportamiento cultural necesario para difundir la innovación de manera más amplia dentro de la administración (trata de ser pionero en un cambio de cultura). Este enfoque actual consiste en identificar los comportamientos e identificar las condiciones propicias que contribuirán a lograr el objetivo del laboratorio: incorporar una cultura de innovación dentro de la administración. Durante esta generación actual, se reclutaron diferentes perfiles de personal para cumplir con el nuevo modelo y misión del Laboratorio, incluidos filósofos, periodistas y personal de alto nivel consultivo, con el fin de trabajar con los socios propietarios para alinear y determinar el alcance de los proyectos.

Esta evolución generacional ha significado un cambio en el enfoque de intervenciones muy específicas a intervenciones cada vez más experimentales y dinámicas que están vinculadas al proyecto específico y al propósito en cuestión.

Durante esta tercera fase, entre los ejemplos de tipos de iniciativas que se desarrollaron para contribuir al objetivo se incluye un evento con funcionarios que examinó las barreras y oportunidades de innovación desde la perspectiva de los funcionarios, y luego también con las jefaturas, incluyendo discusiones de cómo superar estos obstáculos. Otra intervención acordada por los socios propietarios del Laboratorio fue un proyecto público de puesta en marcha para acortar el tiempo normalmente empleado para identificar un problema y proponer una solución. El proyecto reunió a un grupo de personas durante dos semanas para comprender un problema importante, y luego proporcionar un prototipo de posibles soluciones. En ambos casos, se determina el propósito y luego se desarrolla el tipo de intervención. Este tipo de enfoque requiere una confianza considerable por parte de los propietarios del laboratorio, que se construye con el tiempo. Los miembros del personal del laboratorio también están abiertos a los fracasos y son buenos comunicando y convenciendo a la gente del valor de los proyectos.

Recuadro 5.4. **MindLab Dinamarca** (*cont.*)

Evaluación del impacto de las intervenciones: signos de éxito

MindLab está trabajando en un enfoque más cualitativo para medir el impacto de sus intervenciones al que se denomina como signos de éxito. El éxito del trabajo del laboratorio se mide mediante 3 variables:

1. Clientes que regresan - los clientes y personas involucradas en proyectos / seminarios como el trabajo de MindLab y que están felices con ello
2. Un proyecto adopta un enfoque diferente al ciudadano - la intervención de MindLab significa que los propietarios del proyecto adoptan un enfoque nuevo o cambiado al ciudadano durante el proceso del proyecto
3. El Laboratorio ve algunos de los cambios de comportamiento que demuestran que la innovación se incorpora a la cultura - para poder ver los métodos dentro de la administración demostrada

Los signos de éxito han estado funcionando por cuatro meses, y se recogen sobre una base semanal. Ahora MindLab está tratando de ver patrones, y de escalar. El objetivo de la herramienta es tratar de comprender las condiciones propicias -lo que hace posible esto- y encontrar patrones para escalar.

Fuente: información proporcionada a la OCDE por MindLab, Dinamarca.

Usando las herramientas a disposición de la DNSC para promover un servicio público más innovador

La DNSC ha sido un actor destacado en la mejora de la gestión y el desarrollo de recursos humanos en todo el sector público chileno: el Manual de Contratación, la Capacitación PMG o el Sistema de Alta Dirección Publica son algunos ejemplos de sus esfuerzos hacia un enfoque más profesional y estratégico. En este sentido, la DNSC debe seguir siendo un actor clave en la creación de capacidad para la innovación del sector público. Mientras los premios Funciona! son el aspecto más visible del apoyo de la DNSC a la innovación del sector público, la DNSC influye en muchos otros elementos que contribuyen a mejorar las habilidades para la innovación, motivando a los innovadores y creando las oportunidades adecuadas.

El papel de la DNSC en el apoyo a la innovación del sector público se tornará aún más central, ya que su función general en la gestión de recursos humanos y la administración pública superior se ve reforzada por la nueva Ley 20.955 / 2016. Esto significa una gran autoridad para establecer normas comunes en ámbitos centrales, como la contratación de todos los funcionarios públicos y los programas de desarrollo y capacitación en servicios individuales, así como normas comunes para la gestión del desempeño, incluso a los niveles más altos. A medida que la DNSC desarrolle los detalles del proceso de implementación, existen grandes oportunidades para incluir elementos de fortalecimiento de la capacidad de innovación en las herramientas y procesos que se establecerán. Teniendo esto en cuenta, deben considerarse las siguientes recomendaciones.

Habilidades

- **Reclutamiento**: Construir una fuerza de trabajo calificada es el primer paso para apoyar la innovación del sector público de manera sostenible. La DNSC produce una serie de herramientas tales como el *Plan de Asesorías en Reclutamiento y Selección* y la *Selección Manual de Personas en Servicios Públicos,* para guiar a las entidades individuales en sus procesos de contratación. A medida que la DNSC empiece a implementar la nueva ley, sería un buen momento para revisar estas herramientas para identificar maneras en que podrían usarse para apoyar más reclutamiento y selección orientados a la innovación.
  - Recomendación: Realizar una revisión orientada a la innovación de los instrumentos disponibles para estandarizar los procesos de contratación a la luz de la nueva legislación. Involucrar a una gama de expertos, incluyendo, por ejemplo, personal del Laboratorio, profesionales de Recursos Humanos y contratación de jefaturas de ministerios y agencias con experiencia en innovación.
- **Desarrollo**: Paralelamente al reclutamiento para la innovación, desarrollar habilidades para la innovación en Chile puede hacerse a través de programas de aprendizaje y desarrollo. En este sentido, la próxima estrategia de capacitación de tres años (preparada por la DNSC) podría utilizarse para crear conciencia sobre las habilidades para la innovación y facilitar el alineamiento de los planes de capacitación institucional con el mandato gubernamental de innovación.
  - Recomendación: Incluir elementos de capacitación en innovación en la próxima estrategia trienal de capacitación. Trabajar con el Laboratorio para establecer estándares de calidad para la capacitación en innovación y asegurar sistemas para evaluar y ajustar la capacitación para satisfacer la demanda. Incluir enfoque específico en la capacitación e incentivos para la gerencia intermedia. Aprovechar herramientas existentes como SISPUBLI para recopilar datos adicionales sobre el desarrollo de habilidades para la innovación y Convenio Marcos para seleccionar proveedores de capacitación.
- **Movilidad**: Entregarle a los servidores públicos y líderes oportunidades de trabajar fuera de su organización de origen podría ofrecer oportunidades para desarrollar nuevos conocimientos y desarrollar nuevas habilidades, dando al individuo una comprensión más horizontal en temas de políticas y permitiéndoles mirar cosas desde fuera de su perspectiva sectorial. La movilidad también puede aumentar el intercambio de ideas y enfoques de resolución de problemas.
  - Recomendación: desarrollar una forma de programa de prácticas de innovación que permita a los servidores públicos de una organización trasladarse temporalmente a otra para trabajar en proyectos específicos de innovación. Esto podría incluir trabajar en el Laboratorio por 6-12 meses en proyectos específicos. Este programa debe ser manejado desde la DNSC para permitir la adecuación adecuada de las habilidades a las necesidades.

Motivación:

- En Chile, la cultura organizacional es a menudo percibida como no favorable a la innovación. En este sentido, lo primero para lograr una mejor comprensión de la influencia de la cultura organizativa en la motivación de los funcionarios para innovar sería medirla mejor.

  - Recomendación: explorar oportunidades para desarrollar un módulo de encuesta con preguntas sobre la percepción de los funcionarios sobre su capacidad y motivación para innovar en su trabajo, y también sobre las oportunidades que tienen para contribuir e implementar sus ideas. Esto podría basarse en las encuestas existentes, pero debería tener un alcance amplio, para incluir a una serie de instituciones con el fin de establecer una referencia. Asegurar un amplio nivel de compromiso en el desarrollo y difusión de resultados.

- Aunque Chile ha desarrollado una serie de concursos y premios de innovación desde la década de 1990, hay espacio para ampliar el impacto de las innovaciones premiadas y galardonadas.
  - Recomendación: Utilizar el premio Funciona! para recopilar y compartir la innovación en formas que respalden la inspiración y la eventual réplica. Esto podría incluir la construcción de una base de datos en línea de todos los ganadores y las innovaciones preseleccionadas para proporcionar visibilidad e inspiración a otras agencias. También puede incluir programas específicos dirigidos a replicar la innovación exitosa en otros servicios o regiones.

Oportunidad:

- El Sistema de Alta Dirección Pública (SADP), administrado por la DNSC, es una reconocida mejor práctica en reclutamiento basado en competencias y asegura un alto nivel de capacidad en el liderazgo público de Chile. La existencia de innovación y flexibilidad en el marco de competencias ofrece una oportunidad para discutir y perfeccionar esta competencia hacia una definición más clara de lo que esto significa en la práctica. Esto es aún más importante hoy en día, dada la expansión planificada del sistema de gestión del rendimiento bajo la nueva ley.
  - Recomendación: Desarrollar una red de innovadores de alto nivel para apoyar el desarrollo de directrices sobre liderazgo orientado a la innovación, a través de un proceso de consulta amplia. Utilizar estas directrices para reforzar la competencia de innovación ya incluida en el sistema de reclutamiento del SADP a lo largo de las carreras de SADP a través de la gestión regular del desempeño y el desarrollo del liderazgo. Esta red puede basarse en el comité de innovación de alto nivel recomendado anteriormente en este capítulo.

Hacia una gestión pública más innovadora en Chile: un papel para todos las jefaturas públicas

Las jefaturas públicas desempeñan el papel más importante en el establecer, comunicar y valorar la innovación en su organización y en la creación de la oportunidad y el espacio para la innovación. Están en condiciones de influir en la cultura y los valores de la organización y, bajo ciertas condiciones, pueden tener un efecto positivo en el rendimiento, la motivación y la satisfacción de sus equipos (Orazi et al., 2013). Como tal, el Laboratorio y la DNSC sólo crearán un efecto a través del papel desempeñado por las jefaturas públicas y su compromiso con la innovación.

Capacidades y Motivación: Construyendo una posición capacitada de jefaturas intermedias

- La creación de una cultura y una fuerza de trabajo orientada a la innovación depende en gran medida de la capacidad de la dirección intermedia, quienes son directamente responsables de diseñar equipos, asignar trabajo, dar retroalimentación y mantener un entorno de trabajo abierto y positivo ante la complejidad, la ambigüedad y los grandes desafíos. Su papel es aún más importante, dado el tiempo relativamente corto que las jefaturas permanecen. Por lo tanto, la ampliación de la innovación del sector público en la administración chilena requerirá un papel activo de los mandos intermedios.
  - Recomendación para los altos directivos: Establecer expectativas para las jefaturas intermedias para que se adhieran a ciertos comportamientos orientados a la innovación y garantizar que la innovación se incluya como un módulo de capacitación en gestión. Los altos directivos también deben crear espacios para que las jefaturas intercambien ideas abiertamente y alimenten sus ideas hasta los más altos niveles de la organización. Los altos directivos deben considerar las oportunidades de establecer y apoyar unidades de innovación dentro de sus instituciones para apoyar a las jefaturas y otros servidores públicos. Por último, los altos directivos deben encontrar maneras de recompensar a las jefaturas de nivel medio que muestran un comportamiento innovador.

Oportunidades: Crear una visión; construyendo espacio; utilizando equipos multidisciplinarios

- Los altos directivos desempeñan un papel integral en el establecimiento, la comunicación y la valoración de la innovación en su organización, creando de hecho la oportunidad y el espacio para la innovación. El desarrollo de una visión o una agenda de todo el gobierno para la innovación del sector público, como se recomendó al principio de este capítulo, ayudaría a los líderes a construir una narrativa y un lenguaje común en torno a la innovación para guiar y alinear sus acciones. Para que sea eficaz, la visión debe incorporar las aportaciones y puntos de vista de un amplio conjunto de líderes públicos, basarse en principios y aspiraciones, y dejar espacio a la innovación de los líderes públicos en la aplicación de sus principios.
  - Recomendación: Establecer un grupo dedicado a abogar por la innovación, que conste de un punto de contacto superior en cada organización pública de la administración, tomando enseñanzas del Grupo Australiano de Campeones de la Innovación. Este grupo puede proporcionar un foro para compartir experiencias prácticas sobre la creación de espacio para la innovación dentro de las organizaciones, y también para discutir los problemas y desafíos de la innovación compartida. También puede utilizarse como un espacio para colabora en proyectos de demostración que exploren y tipifiquen nuevas formas de trabajo y puedan contribuir a iniciativas interinstitucionales para fomentar una cultura de innovación. Puede aportar contribuciones a los proyectos de la DNSC destinados a mejorar la contratación, la capacitación y el liderazgo. Puede aportar información al desarrollo de la visión / agenda sobre la innovación y proporcionar un conducto en cada organización para su implementación.

Mirando hacia el futuro: próximos pasos para investigar la capacidad, motivación y oportunidades para la innovación del sector público en Chile

Este estudio ha sido exploratorio y revolucionario: es el primer estudio de las habilidades y de la capacidad de los funcionarios públicos para impulsar e implementar la innovación del sector público en un gobierno nacional. Contribuye al conocimiento generado tanto en la Innovación del Sector Público como en la Reforma de la Función Pública. Como primer estudio, la atención se centró principalmente en los mecanismos institucionales que rigen el empleo y la creación de capacidad en la administración pública de Chile. El estudio se centró a lo largo y ancho, con el fin de intentar incorporar una gran variedad de perspectivas posibles. Sin embargo, hay límites a la amplitud y profundidad de este enfoque. Para abordar estos problemas, los próximos pasos en una investigación de capacidades de innovación podrían incluir lo siguiente:

Ampliar la envergadura de la investigación mediante la participación de más servidores públicos

A través de una combinación de entrevistas y talleres, este proyecto reúne las opiniones de más de 300 personas clave involucradas en la innovación del sector público en Chile, de una amplia gama de instituciones y a todos los niveles de la jerarquía organizacional. Si bien este es un número significativo, es una pequeña parte del total y no lo suficiente como para establecer una base factual de habilidades para la innovación en el sector público de Chile. Además, es un grupo que probablemente no es representativo del empleado público promedio que antes tenía poca participación en la innovación del sector público.

Una forma de complementar esta envergadura es desarrollar instrumentos de encuesta. Como se discutió en el capítulo 3, cada vez más países están invirtiendo en encuestas de servidores públicos para obtener una comprensión más profunda del compromiso de los servidores públicos, la motivación y sus percepciones de su ambiente de trabajo. Las cuestiones relacionadas con la innovación pueden diseñarse y estructurarse de manera que permitan un análisis útil entre grandes poblaciones. De hecho, la mayoría de los países de la OCDE realizan una encuesta de servidores públicos a través de toda su población de servidores públicos, lo que resulta en cientos de miles de respuestas en todos los ministerios y agencias. Esto proporciona datos ricos para evaluar la percepción de los servidores públicos de sus habilidades, motivación y oportunidades para innovar.

En el recuadro 3.2 del capítulo 3 se incluye una muestra de las preguntas de innovación formuladas por Irlanda, el Reino Unido y los Estados Unidos. Chile podría desarrollar una encuesta que incorpore preguntas similares para obtener una instantánea de la línea de base real. El recuadro 2.3 del capítulo 2 incluye la discusión de un instrumento de encuesta diferente que fue experimentado para entender la percepción de las habilidades propias de una persona, el apoyo de sus jefaturas y la preparación de su organización. Elementos de estos podrían también ser incluidos en una encuesta. El diseño y análisis de dicha encuesta podría tener lugar primero en un número de organizaciones como pilotos, con el fin de asegurar que las preguntas son claras y recoger datos como se esperaba.

Dependiendo de la pregunta formulada, la encuesta podría proporcionar información importante sobre el suministro de información para la creación de capacidad para la innovación del sector público. Por ejemplo, podría ayudar a identificar organizaciones con un puntaje alto, para descubrir buenas prácticas que podrían ser compartidas y escaladas. También podría utilizarse para comprender mejor qué grupos de servidores públicos (por ejemplo, nivel de jerarquía, edad, función, etc.) requieren qué tipo de apoyo.

Más profundamente: mirando las habilidades y procesos de innovación en las organizaciones clave

Un segundo enfoque sería profundizar en instituciones específicas que estén interesadas en establecer una asociación con el Laboratorio para examinar más de cerca sus propias estructuras de gestión. Uno de los hallazgos de esta revisión es que las prácticas de manejo de las agencias individuales tienen un impacto significativo en las habilidades, motivaciones de los servidores públicos y las oportunidades disponibles para ellos.

Un proyecto de seguimiento de esta revisión podría consistir en llevar a cabo un enfoque similar dentro de organizaciones específicas, empleando una serie de metodologías. Las encuestas como la que se puso a prueba en el recuadro 2.3 podrían utilizarse en diversos departamentos de la organización. Entrevistas y focus groups podrían llevarse a cabo con la alta dirección, profesionales de recursos humanos, jefaturas intermedias y servidores públicos en las líneas de frente. Esto permitiría comprender las complejidades inherentes en el manejo organizacional en la administración pública chilena.

Los estudios de casos podrían ir acompañados de seminarios de capacitación específicos para comprender los comportamientos y desafíos asociados al desarrollo de las habilidades de innovación del sector público. Esto podría hacerse en combinación con Experimenta, por ejemplo, como una manera de fomentar un mayor efecto más allá de los participantes.

Por último, Chile puede tomar medidas para extender el análisis más allá de las personas, examinar otras piezas del rompecabezas, tales como el entorno regulatorio, herramientas presupuestarias, oportunidades de asociación y cómo éstas pueden apoyar o dificultar la innovación en la administración pública chilena. El trabajo sobre cuestiones intersectoriales específicas (por ejemplo, la gestión del riesgo) también podría respaldar una mejor prueba de las barreras existentes que los funcionarios públicos tienen que superar para crear capacidades innovadoras.

Bibliografia

DesignGov, https://innovation.govspace.gov.au/category/designgov.

OECD (2017, forthcoming), *Core skills for public sector innovation: a model of skills to promote and enable innovation in public sector organisations*, OECD Publishing, Paris.

The Government of Canada, "The Innovation Hub", www.pco-bcp.gc.ca/docs/innovation/rpt3/docs/rpt-eng.pdf.

ORGANIZACIÓN DE COOPERACIÓN Y DE DESARROLLO ECONÓMICOS (OCDE)

La OCDE constituye un foro único en su género, donde los gobiernos trabajan conjuntamente para afrontar los retos económicos, sociales y medioambientales que plantea la globalización. La OCDE está a la vanguardia de los esfuerzos emprendidos para ayudar a los gobiernos a entender y responder a los cambios y preocupaciones del mundo actual, como el gobierno corporativo, la economía de la información y los retos que genera el envejecimiento de la población. La Organización ofrece a los gobiernos un marco en el que pueden comparar sus experiencias políticas, buscar respuestas a problemas comunes, identificar buenas prácticas y trabajar en la coordinación de políticas nacionales e internacionales.

Los países miembros de la OCDE son: Alemania, Australia, Austria, Bélgica, Canadá, Chile, Corea, Dinamarca, Eslovenia, España, Estados Unidos de América, Estonia, Finlandia, Francia, Grecia, Hungría, Irlanda, Islandia, Israel, Italia, Japón, Letonia, Luxemburgo, México, Noruega, Nueva Zelanda, Países Bajos, Polonia, Portugal, Reino Unido, República Checa, República Eslovaca, Suecia, Suiza y Turquía. La Comisión Europea participa en el trabajo de la OCDE.

Las publicaciones de la OCDE aseguran una amplia difusión de los trabajos de la Organización. Éstos incluyen los resultados de la compilación de estadísticas, los trabajos de investigación sobre temas económicos, sociales y medioambientales, así como las convenciones, directrices y los modelos desarrollados por los países miembros.

ÉDITIONS OCDE, 2, rue André-Pascal, 75775 PARIS CEDEX 16
(42 2017 21 4 P) ISBN 978-92-64-27507-2 – 2017

www.ingramcontent.com/pod-product-compliance
Lightning Source LLC
LaVergne TN
LVHW081409110826
845149LV00010B/1679

9789264275072